Les conditions du développement des Comores

Itinéraire d'une libération nationale

Nassur Oumouri

Les conditions du développement des Comores

Itinéraire d'une libération nationale

Préface d'Isabelle Ullern

éditions SÉPIA

ISBN : 979-10-334-0617-4
EAN : 9791033406174

Merci à tous les miens pour le soutien précieux que je reçois chaque jour. La cause d'un peuple vaut tous les sacrifices.

Merci à Pierre-André Bizien, de Mont des lettres, pour ses idées et son assistance rédactionnelle lors de la conception de l'ouvrage.

Les Comores sont les points de suspension de l'Afrique : ce qu'ils disent est le secret du continent.

Préface

Par Isabelle Ullern

Ne conviendrait-il pas de penser à contre-courant en récusant l'alternative fallacieuse, utopie ou démocratie, et en tentant de façon intempestive d'explorer ce que pourrait donner la conjonction de l'utopie et de la démocratie ? Quels passages reste-t-il à découvrir entre la démesure du désir de liberté toujours susceptible d'engendrer un désordre nouveau, de creuser un non-lieu, et l'excentricité de l'utopie, productrice d'un autre non-lieu, ou d'un non-lieu autre, ce pas hors de l'humain pour nous ramener à l'humain... [à] la socialité, [à], la relation inter-humaine. Miguel Abensour, « Utopie et démocratie », 1997

Le lecteur qui ouvre les pages de ce livre vient écouter un geste utopique : car il faut oser prendre ainsi la parole en citoyen ordinaire à travers la multitude des anonymats urbains. Oser prendre la parole, et la plume ou le clavier : depuis la diaspora ouest-européenne d'une île d'Afrique australe, pour expliquer à ce pays austral « les conditions » pour améliorer son économie, en refaire un moyen de développement. Oser prendre la parole avec la capacité d'agir de l'intelligence, depuis la situation de l'immigré en Île de France – cette mégalopole impersonnalisante –, et s'engager en essayiste talentueux inattendu pour dresser une analyse et une proposition de voies possible d'émancipation collective. En des temps où l'on n'y croit plus guère à échelle individuelle pour tous, et où l'on a oublié ce qu'est la politique de l'immigration. Ce que ce livre en français vient exposer : une voie d'émancipation partagée.

C'est un geste utopique parce qu'il y a, en effet, un « non-lieu autre » de Nassur Oumouri (il ne se contente pas de prôner par le détail un meilleur agencement du bien commun). C'est celui, complexe, tendu, vécu, de l'entre ici pleinement et là-bas pleinement, et ceci dans les deux sens ; son livre l'atteste : Nassur Oumouri est pleinement immergé dans la vie francilienne – où, acteur comme chacun de nous parmi les milliers, il contribue à l'insertion professionnelle de quelques dizaines de jeunes bacheliers, au déploiement territorial local des politiques de solidarités, au renforcement commercial de tel ou tel petit établissement. Simultanément, il met au travail la vie associative de diaspora, en tant que vita activa de réflexions, propositions, analyses et engagements en commun pour l'autre patrie, l'union des Comores. Agir, ici, ce n'est pas subir, c'est favoriser le retour. Sa famille est à la fois ici et là-bas, c'est-à-dire que sa vie sociale quotidienne est tantôt ici, tantôt là-bas, mais toujours de même façon, impliquée hors tout entre-soi identitaire. Par nos coopérations, je peux témoigner que Nassur est un co-équipier assidu, loyal, sur qui on peut compter. Je ne suis pas la seule à pouvoir le dire. En lui, l'âme et le corps vivent à la fois l'éloignement et la proximité : comment certains des proches sont au loin et comment, des autres proches, inconnu il s'approche.

Or, si l'on est attentif aux réflexions du philosophe Miguel Abensour (1939-2017) sur l'actualité démocratique nécessaire de l'utopie, c'est d'abord cette façon d'assumer en tout lieu l'ancrage humain interactif dans l'économie ordinaire de la vie sociale qui fait du propos de Nassur Oumouri un propos utopique : où qu'il soit, il contribue sans oublier ailleurs, et c'est une fracture intérieure/extérieure âpre. De la sorte, il se tient en toute simplicité à contre-courant de nos représentations de la vie en diaspora comme de la place de l'étranger résident, intégré comme on dit : l'autre proche est au jour le jour un ami hospitalier, souriant, exigeant. Et cet écart nourrit sa volonté d'en découdre, d'œuvrer à un autrement des conditions de vie ici et là, un autrement de l'économie collective et de ses rapports avec la politique. Comme il dit dans ces pages, de façon fondamentale : « Je savais seulement que le bien commun a la saveur du pain quotidien. » Partir, c'est revenir inlassablement, autant qu'être ici, c'est arriver avec l'au-loin dans le regard ; et, dans tous les cas, c'est la pugnacité d'être quelqu'un tout en partageant le pain et le rêve.

Alors les trois leviers de l'auteur d'un Itinéraire d'une libération nationale sont les suivants, qu'il tisse dans l'analyse détaillée des ressorts économiques à travailler :

Tout d'abord, l'éducation comme ressort de vie active. Éducateur lui-même, il en raconte au final sa propre expérience heureuse et au long cours - où d'ailleurs valeurs religieuses et valeurs civiles se rencontrent paisiblement, n'en déplaise à nos coutumes de séparation outrancière (bien sûr, politique et religion sont séparées pour la liberté ; mais vie personnelle et religion n'ont pas besoin de l'être aussi si cette séparation structurelle reste effective). Or, cette éducation, il en fait une invitation à l'auto-analyse collective, tournant ainsi de façon rare l'adage antique vers le sujet collectif : « il n'existe pas de développement réel sans une attention collective au précepte socratique : "Connais-toi toi-même" ». La première personne est plurielle (nous) quand elle parle à chacune et chacun sous la forme d'une interpellation intériorisée (eh, toi !).

Ensuite, le refus civique du ressentiment. On le lit : l'auteur de ce livre ne fustige pas, il prend au sérieux les « capabilités » et les mobilise pour créer les conditions du choix social. C'est refuser la servitude infantile qui peste contre l'État, accusé de tous les maux, mais ne vient plus voter donc plus choisir. Être libre, dit Nassur Oumouri, c'est exiger de soi de refuser la fatalité et la médiocrité, antienne éminemment moderne qu'il revisite à la façon d'Amartya Sen (lorsque ce dernier, dans La démocratie des autres (2006), raconte à ses pairs musulmans que l'Occident n'a jamais eu l'apanage de penser et prôner la liberté).

Nous avons tous nos charismes personnels, c'est une faute grave de ne pas les faire fructifier. Je pense ici à la satire du scribe ivrogne, dans l'ancienne Égypte, vers 1200 avant notre ère : déjà, on réprimandait le notable qui gâche son talent et qui souille sa charge en titubant dans les rues auprès des filles légères (Papyrus Anastasi IV). Pour ma part, il était hors de question que je laisse en jachère les qualités qu'Allah m'avait octroyé. J'ai aussi vite appris la discipline de l'éloquence. Non pas celle de Quintilien ou des Romains antiques, mais plutôt celle du bon négociant, du partenaire commercial à qui l'on cède les bons produits. (infra, chapitre « Racines et convictions »)

Et voici le troisième levier émergeant du précédent : la prise de parole publique qui explore et trace des voies de développement libératoire n'est pas un écrit de pur chercheur, c'est celle de l'acteur avisé, du voyageur bon négociant, réaliste qui marchande pour l'intérêt des siens – famille, amis, concitoyens –, et qui ne propose que de bons produits. Formule clé de l'économie solidaire que ce commerce humain. Commercer, en son sens ancien, c'est autant marchander que fréquenter, entretenir de justes rapports entre humains. L'un ne va pas sans l'autre. Et cela ne va pas sans dire.

Préfacer un ouvrage est un remerciement d'estime, une position seconde : comme, après l'avoir salué, on laisse passer d'abord l'ami pour traverser le seuil hospitalier.

Introduction

Tributaire d'une histoire douloureuse ponctuée de coups d'État sanglants, l'archipel des Comores est la perle la plus méconnue des îles Vanille de l'océan indien, au large du canal de Mozambique et de Madagascar. À l'heure actuelle, ce pays sage et métissé dispose de l'une des cultures musulmanes les plus originales de la planète, bien qu'il culmine au plus bas de toutes les statistiques internationales : ses indicateurs économiques sont alarmistes depuis des décennies, sa gouvernance est gangrénée par une corruption qui bat des records chaque année. Sa population, exsangue, est captive d'institutions féodales et de notables qui entravent les rêves de modernité de la jeunesse.

Depuis son indépendance en juillet 1975, tout Comorien instruit envisage de gonfler les rangs de la diaspora pour fuir une terre qu'il aime, mais sur laquelle aucune prospérité ne semble poindre.

Devant la litanie de ces constats, il nous a semblé urgent de décrire la mécanique de l'échec comorien, afin que les nouvelles générations politiques puissent y porter remède dans les années à venir. L'auteur de ces lignes est un Comorien de la diaspora résidant en France depuis 2007, mais qui a toujours gardé un pied actif sur sa terre d'origine. Vice-président du Fonds du Développement des Comores, membre de plusieurs associations de développement en faveur des îles de la lune, il se propose ici d'esquisser les voies possibles d'un développement intégré et durable pour l'archipel.

Quelles réformes engager pour faire advenir une société démocratique prospère et renouveler le système politique ? Comment attirer les investisseurs internationaux, améliorer l'écosystème entrepreneurial et moderniser les infrastructures courantes, sans hypothéquer les traditions fragiles du pays ?

Enfin, pourquoi, alors que le peuple comorien est l'un des plus solidaires au monde, demeure-t-il l'un des moins riches de la planète ? C'est à ce faisceau d'énigmes complexes que nous tenterons d'apporter des réponses, chiffrées, sourcées, et aussi circonstanciées que possible. Nous intégrerons à notre réflexion le secours original de quelques Prix Nobel d'économie, de philosophes africains, et plus largement de penseurs reconnus depuis l'Antiquité.

À la suite des diagnostics serrés qui attendent le lecteur, nous avons cru utile d'insérer quelques chapitres sur l'évolution personnelle de l'auteur au sein de la société comorienne : ceci afin de restituer la généalogie de ses idées et la chair du pays qu'il décrit, au-delà des chiffres et des données comptables.

Contexte économique exogène

« *Tant que l'on se contente de se lamenter face à une situation de plus en plus critique, on demeure soi-même un symptôme de la situation en question* »

Jürgen Habermas, Le Monde, 20 avril 2017

Aucune économie nationale ne peut s'abstraire de la dynamique contextuelle qui l'entoure. Dès lors, le sort des Comores est partiellement lié à celui des territoires proches et, plus largement, à l'économie continentale africaine. Cette situation de dépendance relative plaide pour une intégration régionale forte des économies, et pour une situation géopolitique stable à l'échelle de toute l'Afrique australe. Deux faits majeurs caractérisent les années 2010 en Afrique : un taux de croissance bien supérieur à celui de l'Europe, et une corruption endémique, annulant les effets positifs de cette même croissance. Les chiffres sont sans appel : rien qu'en 2011, 946 milliards de dollars avaient été détournés sur le continent[1]. Cette pandémie participe du fait que 46 % des Africains vivaient encore sous le seuil de pauvreté en 2015. Malheureusement, une nouvelle crise inattendue a déferlé sur les économies du continent à partir de 2020 : la pandémie de COVID-19, qui, en ralentissant subitement la demande en matières premières dans le monde et en désorganisant les chaînes d'approvisionnement, a retardé la convergence des économies africaines avec le reste du monde.

En clair, la crise économique liée au COVID sur le continent a précipité près de 29 millions de personnes dans l'extrême pauvreté[2]. 2020 a plongé l'Afrique dans sa première

[1] Source : Global Financial Integrity.
[2] oecd-ilibrary.org

grande récession après des années d'essor (-1,3 %). En 2021, la croissance a cependant repris à 3,6 % (contre 3,2 % en 2019)[3] : une croissance nettement moindre par rapport à la reprise mondiale. Un constat fatalement prévisible : seules 12 % des entreprises africaines ont reçu une aide de l'État pendant la crise du covid, contre plus de 25 % en Asie du Sud-Est et 16 % en Amérique latine. Notons que la dépendance africaine aux exportations de produits extractifs est problématique : dès que les cours sont perturbés, c'est la catastrophe. Une catastrophe qui s'est malheureusement produite, et qui mettra du temps à se faire oublier. L'argent envoyé depuis les diasporas d'Occident sauve en partie la mise : en 2015, cette manne représentait déjà l'équivalent de 60 milliards d'euros par an (La Croix, 16/07/2015). Le chiffre est largement supérieur aujourd'hui, mais les ressources afférentes sont loin d'être employées de manière optimale au profit de la croissance des économies locales : le réinvestissement de ces devises est moindre, puisqu'elles sont avant tout utilisées pour parer au plus urgent dans les ménages, ou dilapidées dans des événements festifs. Une réflexion panafricaine devra aboutir ces prochaines années sur ce point grave, afin que cesse l'immense gâchis produit avec ces sommes d'argent colossales, si mal utilisées. Il est un fait pour le moins intrigant en effet : l'argent coule à flots en Afrique, mais semble s'évaporer toujours. Il ne sert pas tant à transformer les sociétés qu'à « rafraîchir un peu les invités tandis que la maison brûle ». Par ailleurs, les fruits de la croissance africaine ne sont jamais vraiment perçus par les populations locales : nous avons vu plus haut que la corruption et la mauvaise gouvernance en étaient les deux raisons majeures. Des leviers panafricains existent pourtant, mais leur efficience est trop minime pour corriger durablement l'incurie des élites nationales : l'Union africaine, la banque africaine de développement, la zone de libre-échange continentale africaine… Tous ces organismes

---

[3] AFD, L'économie africaine 2022, La découverte.

manquent de pouvoir, d'influence et d'efficacité. C'est la raison pour laquelle les Comores, comme d'autres pays proches, demeurent livrées à elles-mêmes, et captives de mauvaises pratiques budgétaires. Néanmoins, des échappées demeurent. Certains pays parviennent à « produire du progrès » et de l'enrichissement collectif en dépit des difficultés régionales. À ce titre, l'exemple du Bénin et celui du Rwanda pourraient inspirer les Comores :

La croissance économique récente du Bénin, liée au programme « Bénin révélé », repose sur le socle d'une gouvernance accomplie : le programme en question déploie 45 projets phares dans les secteurs clé de l'économie, tels que

- la rationalisation de l'appareil d'État

- l'accélération de la création d'entreprises

- la rationalisation de la politique fiscale

- l'accès à l'eau et à l'électricité

- la clarification des procédures de permis de construire

- la simplification des procédures de commerce transfrontalier.

On pense aussi au miracle rwandais, qui a sidéré la communauté internationale ces quinze dernières années. Il suffit de lire en ce sens le diagnostic sans appel de la Banque mondiale :

« *La forte croissance économique du Rwanda s'est accompagnée d'une amélioration substantielle du niveau de vie. Elle a été l'un des deux pays d'Afrique subsaharienne à avoir atteint tous les objectifs du Millénaire pour le développement en matière de santé. La mortalité des enfants de moins de cinq ans a fortement diminué entre 2000 et 2022, le taux de mortalité maternelle a également baissé, tout comme l'indice de fécondité, lié à une amélioration de l'accès à la contraception moderne. L'accent mis sur les politiques et initiatives locales a contribué à améliorer sensiblement l'accès aux services et les indicateurs de développement humain.* »[4]

Les Rwandais bénéficient d'un gouvernement stable depuis de nombreuses années. La superficie réduite du territoire permet une diffusion optimale des décisions politiques sur le terrain. Le réseau des petites et moyennes entreprises constitue 90 % du secteur privé local, mais 41 % de l'emploi[5]. On remarque un couplage intéressant d'économie primaire et d'économie de production à forte valeur ajoutée :

- or, étain, tantale, tungstène, thé, café…

- vin, bière, boissons gazeuses…

L'adoption de la politique volontariste Made in Rwanda, en 2017, a eu des répercussions favorables sur l'économie locale.

Malgré une dette publique de plus en plus handicapante, le régime de Paul Kagame a cependant su tirer la population la plus dense d'Afrique vers un développement rapide, soutenu, et fondé sur des investissements publics judicieux : ses plansSNT-1 paramétrés sur des cycles de 7 ans visent des performances très élevées dans le secteur du développement durable. Depuis les dix dernières années, la croissance annuelle s'est élevée à 7,2 %, et le PIB par habitant a sensiblement augmenté. Cette réalité résulte aussi d'un accroissement colossal des investissements directs étrangers dans l'économie locale jusqu'en 2009 (multiplication par 40 !)[6]. La presse a par ailleurs souvent pointé la modernisation technique et médicale du pays, tout comme le dynamisme entrepreneurial de la

---

[4] Banque mondiale, 24 mars 2023.
[5] Banque africaine de développement, 26 janvier 2022.
[6] Les Cahiers d'Afrique de l'Est, Jérémy Révillon, 48, 2014.

société rwandaise. Sans nous leurrer sur les ombres qui persistent au bilan économique de ce pays, force est de constater sa qualité de modèle pour les économies sinistrées en quête de développement rapide : après s'être relevé des plaies d'un génocide innommable, d'une guerre civile ruineuse, le pays aux mille collines a su faire preuve, sinon de résilience, du moins d'une inventivité remarquable, et d'une direction étatique très ferme en faveur du développement de la population. Le dirigisme de l'exécutif a eu raison des mille querelles politiques internes pendant des décennies, et ses visées prospectives à long terme ont porté leurs fruits. Il en retourne que les Comores pourraient tout aussi bien sortir de l'ornière, pour peu que des directives publiques cohérentes soient décidées et poursuivies au cours des vingt prochaines années. Pour peu, surtout, que le taux de corruption soit divisé au moins par quatre sur dix ans.

C'est à de tels défis que nous nous confronterons ces prochaines années.

Contexte économique endogène

« Je ne m'attendais à rien... j'ai quand même été déçu »

Dewey, série *Malcom*, 09 janvier 2000

Chaque jour, de faux prophètes annoncent la prospérité à venir des Comores. Une prospérité qui tiendrait en une ou deux formules magiques, et qui vaudrait pour l'éternité. Vous l'aurez compris, nous sommes ici dans le registre de l'enfumage. Le problème, c'est que ces faux prophètes ont réussi à vendre leur camelote incantatoire à des secteurs entiers de la population. Où que je porte mon regard sur le terrain de la prospective économique, je ne vois que solutions clé en main ou recettes de cuisine politicarde sur lit de bavardages. Un tel manque de sérieux ne choque plus : l'addiction aux réseaux sociaux et aux applications internet anesthésie nos cervelles depuis dix ans. Résultat : les ravis de la crèche pullulent dans nos foyers. Chacun entend que la situation économique est catastrophique, mais on dansera sur le volcan jusqu'à la prochaine éruption.

La situation économique des Comores ne peut être sérieusement appréhendée sans le rappel de certains chiffres. Des chiffres crus, si lamentables qu'ils rendent superflue toute analyse :

- PIB national : 1,296 milliard USD en 2021, soit près de 9 fois inférieur au PIB de l'île Maurice (11,53 milliards USD), près de 6 fois inférieur à celui de la Somalie (7,628 milliards USD), et près de 2,5 fois inférieur à celui de... Djibouti (3,483 milliards USD)

- 58 % des emplois sont classés « vulnérables » aux Comores (Source : OCDE.org, 2021)

- L'agriculture emploie plus de 70 % de la population active, pour des rendements négligeables.

- Rang mondial concernant le climat des affaires : 160e pays sur 190 (Doing Business, 2020)

- En 2022, les Comores étaient l'un des pays africains les moins attractifs pour le Commerce (51e pays sur 54, ne devançant que la Guinée-Bissau, la Centrafrique et Sao Tomé)[7].

- Salaire mensuel moyen : souvent moins de 100 euros.

- Le taux de pauvreté s'élève à 64,6 % de la population.

- Taux d'inégalité important entre les couches sociales ; l'indice Gini s'élève à 45,3 pour les Comores.

- 12 % de la population végète dans l'extrême pauvreté, ne parvenant pas à atteindre les besoins nutritionnels minimaux conseillés.

- 22 % des enfants de moins de 5 ans souffrent de malnutrition chronique et accusent un retard de croissance[8].

- Les exportations constituent 7,6 % du PIB comorien, tandis que les importations atteignent les 29 % (2020)

- Exportations principales : Vanille, Ylang ylang, clous de girofle.

- Indice de développement humain : les Comores se placent au 156e rang sur 191 pays (2021)

Comment une nation culturellement et spirituellement si riche peut-elle atteindre un tel niveau d'exécrabilité ? Le pays n'est pas même en guerre ! Il n'est plus temps de se bercer

---

[7] Classement BLOOM Consulting, 2022.

[8] Source : Mission économique du ministère des Affaires étrangères & Banque mondiale, Rapport économique et financier 2020.

d'illusions pour ménager les égos, de pondre des analyses circonstanciées de ce qui ne l'est pas. Il y a dans les chiffres exposés ci-dessus une vérité glaciale que nous refusons de voir : au-delà des fluctuations imprévisibles de l'économie mondiale, l'économie comorienne se distingue par son néant. N'ayons pas peur du mot. Trois pauvres produits d'exportation et quelques cerveaux d'élite dispersés dans le monde entier, à l'addition, ça ne fait pas grand-chose. Voici pourquoi nous n'épouserons pas le développement réel avant des années. Le problème dépasse de loin le niveau défaillant de nos élites politiques : c'est l'état d'esprit national qui est en cause, sa léthargie.

Sans mystère, nous constatons que la prédominance du secteur informel à tous les échelons du marché génère une économie très faible.

Sans mystère, la corruption a infiltré nos pratiques culturelles et elle nous gangrène de l'intérieur, ralentissant l'économie du long terme au profit d'une économie de l'immédiat. Aucune plus-value possible dans ce contexte de corruption endémique : dès lors, les profits se font au détriment du voisin, de l'employeur, de l'État, et tout le monde y perd. Les réseaux de notabilité et le féodalisme ne favorisent la modernisation que si cette dernière rapporte à court terme (ce qui n'est généralement pas le cas). La pauvreté générale résulte aussi d'un marché atone et souffreteux : une culture de l'entrepreneuriat proche de l'âge de pierre, le réflexe de taxer hargneusement toute entreprise d'innovation. J'en ai personnellement fait les frais, il y a quelques années, lorsque j'ai eu l'idée d'installer un call-center au pays. À force de tracasseries, de taxations et d'inertie ambiante, l'entreprise a tourné court, et le capital que j'avais pieusement investi a fondu comme neige au soleil. Cette expérience amère m'a définitivement vacciné contre les fredaines du développement-miracle. Le ver est dans le fruit, aussi juteuse que soit la pomme.

Je crois qu'il est insuffisant d'en appeler aux cœurs vaillants de la nation et à la poigne du pouvoir pour inverser le cours des choses, pour édifier une prospérité que nous n'avons jamais connue. Est-ce là du défaitisme ? Non. Bien au contraire. Je crois simplement qu'il est temps de dépasser les discours volontaristes. Cela ne suffit plus. Ce dont l'économie comorienne a besoin, c'est de la prospective, d'un plan stratégique solide et reconductible, basé sur des investissements judicieux et contrôlés. En économie comme en religion, la superstition est cause de chute : le paganisme économique est le péché structurel des Comores. Il est la cause majeure de sa déréliction. Le paganisme économique, c'est la superstition d'un argent magique qui viendrait ensemencer nos îles depuis le ciel. Ô diaspora bénie, pensez à nous à la fin du mois… Jean Bodin nous a pourtant appris qu'il n'est de richesse que d'hommes : à la racine de la prospérité, il y a l'élargissement du secteur bancaire officiel ; l'écho du travail ingénieux, coordonné entre une élite et ses administrés ; un rééquilibrage à la hausse des métiers de l'industrie et des services sur le trop-plein agricole ; des centres-villes hérissés de vastes bureaux et d'avenues commerciales ; une intensification de la circulation des hommes et des capitaux dans la région ; une politique d'éducation ambitieuse de la jeunesse et une lutte acharnée contre l'oisiveté. Sans probité générale, point de profits pérennes. Voici pourquoi parler d'économie aux Comores, aujourd'hui, me paraît présomptueux ; nous n'avons pas encore édifié les bases d'un marché viable. Le business est une philosophie, pas une aubaine à la petite semaine. L'économie comorienne naîtra le jour où les cumuls convergeront vers des courroies d'investissement fixes et sécurisées. D'ici là, nos rêves de grandeur sont ceux d'un nourrisson dans ses langes. Qui sait si demain le nouvel Adam Smith sera comorien ?

Ces dernières années, les pays du Golfe et notamment l'Arabie saoudite ont énormément aidé financièrement les Comores. Malheureusement, ces apports ont été presque immédiatement liquidés par l'État pour parer au plus pressé (apurer la dette pendante auprès de la Banque centrale, multiples arriérés de salaire…). Une impression déplaisante demeure à l'esprit des observateurs dès qu'il est question des besoins financiers du pays : l'ombre du fameux tonneau des Danaïdes, dans la mythologie grecque. L'Arabie saoudite a longuement pallié au budget des Comores en matière d'éducation, de santé, de transports, d'infrastructures. En décembre 2015, le grand-frère saoudien a même offert 40 millions d'euros pour stabiliser la situation financière locale. La terrible question est la suivante : comment, malgré une telle pluie d'argent, le pays ne parvient-il pas à se redresser ?

En 2022, le Fonds saoudien pour le développement (SFD) a débloqué un prêt de 17 millions de dollars pour une rénovation routière de 30 km sur l'île d'Anjouan (route de Mutsamudu-Sima à Bogoni-Pembini). Il s'agit d'un énorme projet de désenclavement du territoire local, au sein duquel de nombreux villages demeurent isolés faute d'infrastructures routières efficientes. L'ambassadeur saoudien aux Comores n'a d'ailleurs pas fait mystère des objectifs visés par cette politique généreuse :

« *Tout ce dont nous investissons ou nous réalisons, nous avons toujours fait appel à la presse et ceci dans le but que cela soit visible, pour que la population le sache.* » (Entretien Al-Watwan, 1er octobre 2021)

On pense aussi à l'aide d'urgence médicale de 750 000 dollars de l'Arabie Saoudite lors de la pandémie de Covid, et à l'envoi rapide de médecins par le Centre d'aide humanitaire et de secours du roi Salman. Ces aides providentielles ne sauraient constituer la base d'une économie viable aux Comores ; c'est la production de richesse endogène qui créera le décollage attendu. D'ici là, rien n'interdit de s'appuyer sur ces dons étrangers pour nourrir une production interne diversifiée de biens. Un tel programme pourrait être concerté plus sérieusement avec l'Union européenne et la France, principaux partenaires économiques du pays[9]. La question des investissements de long terme est la plus importante, au profit d'une diversification économique plus marquée des Comores. Le chômage de masse ne sera résorbé qu'au prix d'un maillage mieux réparti des grandes et moyennes entreprises sur les trois îles.

- Rappelons-nous qu'en mai 2019, le groupe Duval a pris le contrôle de la Banque de développement des Comores, dont une part appartient à l'Agence française de développement.

- Rappelons-nous que le 1er juillet 2019, selon le barème officiel du nouveau classement de la Banque Mondiale, l'Union des Comores a intégré le groupe des pays à revenu intermédiaire, avec deux autres pays africains notamment (Sénégal et Zimbabwe) : preuve qu'aucune fatalité n'étreint notre nation.

- Souvenons-nous que le 3 décembre 2019, lors de la Conférence des Partenaires au développement des Comores à Paris, les signataires internationaux ont décidé d'octroyer 4,3 milliards de dollars pour le financement du Plan Comores Emergent. Qu'en est-il du résultat aujourd'hui ?

- De même, en 2022, la Société internationale islamique de financement du commerce (ITFC) a cédé 35 millions d'euros aux Comores afin que le pays puisse moderniser son économie. Quelles réalisations produites à ce jour ?

- L'année suivante, en 2023, le FMI a consenti un prêt de 43 millions de dollars au pays. En mai 2023, la Banque Africaine de Développement a pour sa part octroyé six

[9] La France est le premier bailleur du pays (entre 25 % et 45 % des engagements annuels d'aide publique au développement). Des relations plus franches et gagnant-gagnant avec la France, ancienne puissance coloniale, seraient à souhaiter pour l'avenir.

milliards de francs comoriens pour les infrastructures routières à Anjouan, Mohéli et Ngazidja. Quel sort attend cette manne financière ?

C'est à la société civile organisée de répondre à ces questions, en soumettant les comptes du pays à la vigilance de nos experts. Quels experts ? Combien de profils suffisamment intègres et professionnels sont en capacité de produire une telle veille sur notre trésorerie nationale ? La question n'est pas subsidiaire.

Pour l'heure, l'urgence est de faire évoluer notre économie de rente (la fameuse trinité vanille, girofle, ylang-ylang) vers une économie diversifiée de services et de produits transformés[10]. La mise en place de ce nouveau socle doit être alimentée par un budget annuel dédié, voté par le Parlement. Ici, le lecteur est en droit de s'interroger : pourquoi dépasser l'ère de l'économie de rente ? Avant tout parce qu'elle rend le pays vulnérable à la variation des cours des produits agricoles. Aussi, sans diversification de production, les besoins en importations s'accumulent et grèvent le budget de l'État au détriment de la population. À ce titre, les témoignages édifiants sont légion :

« *Nombreux sont ceux qui disent être choqués de voir que des Comoriens partent acheter des tomates fraîches à Madagascar pour les revendre à plus de 1.500 francs comoriens (KMF, 3 euros) le kilogramme alors qu'il s'agit d'un légume qui pousse facilement et que quelques années auparavant, les producteurs locaux criaient à la surabondance des récoltes de tomates.* »[11]

Une politique de diversification économique est donc urgente et primordiale pour accroître les recettes publiques et

[10] Le fameux « Made in Comores » a actuellement du plomb dans l'aile.

[11] Noussaïbaty Ousséni Mohamed Ouloubé, Masiwa Comores, 23 janvier 2023.

favoriser la redistribution afférente. Les choix stratégiques de la diversification économique comorienne ne pourront se faire qu'au prix d'un judicieux travail d'évaluation des potentialités commerciales de chaque île : des experts internationaux seront nécessaires pour l'accomplissement de cette tâche complexe.

Il n'échappera à personne que le salut économique des Comores passera aussi par un développement sérieux du tourisme[12], et par une politique de construction d'hôtels et de complexes récréatifs adaptés. Pour l'heure, l'offre est embryonnaire.

En juin 2023, la conférence ministérielle sur l'économie bleue, à Moroni, a beaucoup fait parler. En matière de développement durable, les Comores sont évidemment à la traine.

Nous assistons par ailleurs à un double déséquilibre insulaire : Mayotte déstabilise les tissus économiques locaux en attirant les forces vives des Comores. De même, Moroni et Ngazidja concentrent l'appareil économique disponible au détriment d'Anjouan et de Mohéli. Il en résulte un enclavement délétère. La faiblesse du rendement agricole, le sous-équipement mécanique, et la vétusté des infrastructures génèrent l'insécurité alimentaire du pays. Résultat : une dépendance excessive, addictive, aux ressources envoyées par la diaspora. Celle-ci assure un quart du PIB national via les transferts d'argent.

Une solution concrète consisterait à favoriser l'entrepreneuriat indépendant hors de l'économie parallèle. Des incitations publiques sont envisageables, notamment via un renforcement collaboratif avec les structures scolaires. Dans les faits, malheureusement, on observe plutôt une tendance au harcèlement étatique des entrepreneurs légaux, un réflexe suspicieux

---

12 À l'heure actuelle, les Comores se positionnent au 40e rang des pays africains en termes d'attraction touristique. Au premier rang, sans surprise, nous retrouvons l'Égypte et son immense patrimoine antique.

envers tout ce qui favorise l'intérêt populaire. Sur ce plan, on pourrait presque désigner le féodalisme et les réseaux des notabilités villageoises comme un prolongement ambigu de l'appareil d'État, prescripteur ultime de l'ordre et de la répartition des opportunités. De fait, l'entrepreneuriat indépendant permet de créer des recettes fiscales s'il est inséré dans l'économie légale. Ces recettes fiscales pourraient être réinjectées à flots continus dans l'appareil économique collectif. Entraver la dynamique civile sous prétexte de contrôle des prébendes est donc un non-sens étatique.

Augmenter l'assiette fiscale est une nécessité urgente, réalisable seulement si l'État prend des mesures efficaces pour réduire l'économie parallèle qui sature l'espace public. Cette dernière, si elle permet de pallier les manques structurels du marché officiel, maintient cependant la demande collective à l'état embryonnaire, ce qui entrave en retour toute production de l'offre : il en résulte une impossibilité de créer un marché diversifié et internationalement compétitif. Sans compagnie aérienne, sans infrastructures aux normes suffisantes, la circulation des personnes demeure empêchée, et les capitaux stagnent.

À côté du marché parallèle, une économie sombre se développe, tel un faisceau de métastases dans le corps social comorien : trafic illicite d'or, de drogues, d'armes à feu prolifèrent à gros bouillons sur le territoire, surveillés par le Service de renseignement financier (SRF). À ce sujet, le Groupe intergouvernemental d'action contre le blanchiment d'argent en Afrique (GIABA) devrait avoir un rôle clé dans l'assainissement du marché. Le surendettement du pays couplé à la surveillance lacunaire des entreprises publiques provoque des catastrophes récurrentes. L'organisation sociale crypto-clanique dans les villages prolonge cette masse de problèmes économiques en ralentissant la circulation des capitaux disponibles. Tous ces stigmates ne sont plus mystérieux aujourd'hui. Chacun d'entre eux a été clairement identifié, et la force publique ne peut les ignorer. Ainsi,

« *le gouvernement reconnaît que les données économiques des Comores présentent de sérieuses lacunes dans presque tous les secteurs qui entravent l'analyse économique (...)* »[13]

L'avenir immédiat est incertain, bien que de petits miracles existent ici ou là. Je pense notamment au travail d'individus d'exception, à ces entrepreneurs dynamiques qui parviennent dans la pénombre à faire bouger les choses : je pense ici à un agriculteur de grand talent, Ahmada Naifou, et à ses multiples plantations de pommiers du côté de Tsinimoipanga. Je pense aussi à Layal el-Kader Ben Mohamed, jeune doctorant en intelligence économique, qui cherche des solutions innovantes pour rendre possible l'autosuffisance alimentaire aux Comores. Il s'agit d'un défi titanesque, mais non utopique. Son entreprise, Maesha Ferme Agricole, fait de véritables merveilles pour l'élevage de volailles.

À l'heure où la Chine envisage d'accroître ses investissements aux Comores (notamment dans l'agriculture, les transports et l'hôtellerie), nous devons absolument être prêts pour ne pas nous faire « avaler » dans ce partenariat prometteur.

---

[13] Mémorandum de politiques économiques et financières.

Le civisme comorien : vers un nouveau paradigme

« Murmure mon nom à mes amis et porte-leur le salut parfumé de l'exilé qui soupire après le sol où résident sa famille, ses amis, ses voisins »

Ahmed Baba, penseur africain du XVIe siècle

En 2014, un homme d'affaires coréen, industriel dans le poulet, achète aux enchères l'un des célèbres bicornes en feutre noir de Napoléon. Il débourse alors 1,8 million d'euros. Ensuite, il l'exposa dans son usine pour célébrer « l'esprit d'entreprise de l'empereur ». Cette anecdote fait sourire. Elle dit cependant quelque chose d'important : sans exemples, sans symboles clairement reconnaissables par chacun, le collectif se désagrège.

Depuis quelques années, l'avenir de notre jeunesse est compromis par un état d'esprit nouveau : l'indifférence blasée. La conviction qu'il ne sert à rien de viser l'excellence et de se démener jusqu'aux études supérieures, car les perspectives d'avenir sont microscopiques au pays. Au mieux, peut-être, on se ménagera une niche dans une administration quelconque ; les plus cyniques viseront un poste grassement rémunéré dans un ministère, avec pantouflage assuré. Les cerveaux, les génies, cèderont presque fatalement à la tentation de quitter les Comores pour obtenir une carrière digne de leurs compétences à l'étranger. Ces réalités ne doivent pas être caricaturées, mais il ne sert à rien de les taire. Globalement, c'est ainsi que ça se passe. La politique des capacités ne fonctionnant pas, on vise plutôt l'industrie des privilèges. Obtenir sa petite place au soleil, pour soi et les siens, c'est le réflexe prévisible dans une société qui taxe le mérite au prix de la jalousie sociale et du pillage collectif. Or le peuple profond, qu'on le sache, veille au bord de l'aube :

« *Quand l'incompétence, l'amateurisme et l'autosatisfaction des dirigeants vont de pair, les resquilles se manifestent. Et comme nous sommes au troisième millénaire, et que le monde se rapproche et s'unit en un seul village, rien n'échappe au peuple.* » (Said Yassine Said Ahmed, Masiwa-Comores, 21 juin 2022)

56 % de la population a moins de 20 ans. Plus d'un Comorien sur deux n'a pas encore atteint l'âge d'homme. La proportion des aînés est plus faible que dans de nombreux pays à travers le monde, ce qui entraîne parfois un manque d'encadrement. Certes, le poids des notables est chez nous très fort, le réseau des pères décide dans les villages. Malheureusement, le temps des enthousiasmes et du civisme que portaient des hommes comme Ali Soilih[14] est révolu. Les heures bénies de l'indépendance et des rêves grandioses ont laissé place à un cynisme collectif, autodestructeur. Nos élites ne sont plus considérées avec respect du fait de la corruption et des concussions permanentes. Les grands hommes semblent avoir déserté notre époque, et avec eux les rêves qui les accompagnaient. L'amour déçu tourne à la rancœur, c'est bien connu. La nudité bavarde des grandes proclamations gouvernementales fait bâiller, lorsqu'elle n'inspire pas le dégoût.

Prenons un cas concret du désespoir de la population face à ses élites. Au cours de l'année 2023, le collectif des retraités assigne en justice le ministère des Finances, lequel ne se déplace pas au jour de l'audience (13 juillet). Désabusé, le représentant du Collectif des retraités a déclaré :

« *Comment comprendre que le ministère des Finances, ministère de tutelle, qui siège dans le conseil d'administration*

[14] 1937-1978. Ancien Président des Comores, qui fut assassiné.

de la Caisse de retraite, soit le premier à nous marcher dessus et à faire preuve d'autant d'insouciance. »

Puis de conclure, amer :

« *À un moment, il y avait un regain d'espoir et un changement d'attitude qui nous a fait croire que les choses allaient changer, mais au final il n'en est rien* »[15]

Dans ce contexte délétère, il est délicat d'avancer. Comment prôner un patriotisme des valeurs lorsque celles-ci sont continuellement bafouées par tout le monde et en premier lieu par nos élites ? La crainte de paraître naïf est paralysante pour ceux d'entre nous qui souhaiteraient croire en l'avenir, s'engager sans conditions au profit de la nation. On se dit vite qu'on va être roulé dans la farine, que tous nos apports vont être détournés dans notre dos pour des réalisations annexes, un peu miteuses. Une fois que cela arrive effectivement et qu'on s'en rend compte au milieu des ricanements étouffés, on ne se sent pas très fier… et on jure tout bas qu'on ne nous y prendra plus. Voici en quelques mots ce qui se passe dans la tête d'un jeune Comorien qui vient de se faire humilier par le féodalisme inamovible des anciens : le peu d'argent qu'il aura investi pour une cause noble sera immédiatement aspiré, réquisitionné entre des mains cauteleuses qui l'emploieront à Dieu sait quoi... Cette expérience, vous vous en doutez peut-être, je l'ai vécue de nombreuses fois ces dernières années. À chaque retour au pays, mes projets civiques ont irrémédiablement fini en réalisations parallèles, inutiles, tout simplement parce que la gouvernance tontinière est implacable. Si vous n'avez pas l'ascendant de l'âge et du notable, vos mises ne vous appartiennent plus dès que vous les apportez, et vos projets généreux sont désossés.

---

[15] Entretien Al-Watwan, 14 juillet 2023.

Sachant cela, quel investisseur avisé risquerait sa mise à l'échelle locale ? Pour que l'argent investi ne soit pas irrémédiablement perdu, il faut s'inclure dans le système pyramidal du bénéfice, et manœuvrer son propre argent. On dira peut-être ici que j'exagère. Soit, je décris schématiquement des mécanismes qui gouvernent l'économie informelle dans les villages aux Comores. Bien sûr, certains parviennent à mener à terme de beaux projets bénévoles, mais c'est rare. La plupart du temps, ce qui est investi circule dans un réseau de boucles mystérieuses, et les réalisations projetées n'aboutissent pas.

Valoriser notre capital humain passe par une saine appropriation de notre destin collectif : je veux parler d'un récit national renouvelé, qui met en avant les grandes figures historiques de notre pays. Notre Panthéon n'a pas encore pris les dimensions qu'il mérite, et nos héros flottent dans la mémoire collective sans vraies attaches. Cela n'est pas tolérable. Le civisme de notre jeunesse a besoin d'être nourri par des exemples humains, des grandes figures inspirantes. Nous devons faire rejaillir la voix de nos pères sur le tamis de nos âmes. Mais les mots éloquents ne suffiront pas. Nous devrons sonder jusqu'aux racines la sève comorienne, montrer à nos jeunes en quoi notre pays a une vocation particulière. La vérité, disons les choses, c'est que cette vocation n'a pas encore été trouvée, ni diffusée dans les consciences. Bien sûr, on peut gloser avec emphase sur la Liberté, les lumières de l'islam ou encore le métissage si particulier de nos îles. Ces points doivent être soulevés, nourrir notre réflexion patriotique, mais ils ne suffisent pas à décrire ce qui fait la singularité unique des Comores. Cette singularité unique, c'est l'art inégalé d'acclimater les vérités arabes au monde noir africain. Chacun connaît le pacifisme de notre islam, qui possède les anticorps uniques contre la peste du fondamentalisme religieux. Dans les années à venir, nos universités pourraient accueillir les élites musulmanes du monde entier pour offrir les trésors de notre science spirituelle. En vérité, potentiellement, les Comores sont la terre de renaissance du Tombouctou médiéval, l'épicentre de la future élite arabo-africaine. Mais pour l'heure, tout reste à bâtir. Nous sommes en l'an zéro de la civilisation nouvelle qui se prépare. C'est imprégné de ce rêve que nous rebâtirons le civisme comorien, et que nous lèguerons à notre jeunesse les repères spirituels de son émancipation.

En attendant cette heure, d'autres efforts doivent être entrepris. Des formes d'économie coopérative, comme le Mranda, peuvent jouer dans le processus de fusion des consciences. La solidarité est à la racine du civisme, et les formes d'économie traditionnelles aux Comores sont imprégnées de solidarité : du système des tontines au grand mariage, l'économie locale regorge d'un civisme qui ne dit pas son nom. Le paradoxe, on l'aura compris, c'est la perte de civisme effective sur nos îles malgré la persistance des coutumes au fort potentiel socialisateur. Il apparaît que désormais, nos coutumes ne sont plus gorgées de la bienveillance initiale qui les a fait naître. Elles demeurent, mais ont perdu quelque chose en route : je veux parler d'une partie de leur âme, de leur raison d'être au-delà des questions de subsistance. Si nous ne revivifions pas nos traditions sous peu, ces dernières dépériront progressivement, puis seront balayées par l'Histoire.

Comment rénover nos traditions pour les rendre compatibles avec le monde international moderne, sans leur faire perdre leur âme, ni leur efficience ? Je pense qu'il serait possible, entre autres exemples, de créer une forme renouvelée du système des tontines, via une banque tontinière « nouvelle génération ». Schématiquement, celle-ci fonctionnerait selon les modalités suivantes :

Première année

1. sensibilisation (tournées locales, réunions publiques et recherche de partenaires.

2. Constitution du capital. Adhésion des sociétaires et partenaires financiers

3. Création de la banque. Agrément et démarches près de la banque centrale.

4. Lancement. Ouverture de l'établissement central, siège administratif.

Deuxième année

5. Décentralisation. Mise en place des établissements locaux.

6. Localisation. Repérage des localités pour la mise en place des établissements locaux

7. Acquisition des locaux.

8. Ouverture.

Troisième année

9. Déploiement de l'offre. Implantation massive sur le territoire

10. Consolidation. Évaluation et mesure de l'impact

11. Diversification. Mise en place de nouveaux services et produits.

12. Modernisation des services incluant la digitalisation

L'hydre de la corruption : options coperniciennes

« Un dictateur n'est qu'une fiction. Son pouvoir se dissémine en réalité entre de nombreux sous-dictateurs anonymes et irresponsables dont la tyrannie et la corruption deviennent bientôt insupportables. »

Gustave Le Bon, *Hier et demain*

La corruption aux Comores est structurelle, polymorphe et endémique. Aucun dispositif crédible n'enraye ses manifestations délétères sur le territoire. Sans surprise, donc, selon les données mondiales, le pays pâtit d'un indice de corruption très élevé. Un simple compte-rendu comparatif en donne la mesure : en 2022, la moyenne mondiale s'établit à un indice de 57 ; en Afrique l'indice monte à 67,7 et aux Comores à 81. Il apparaît que la performance du pays s'est encore dégradée ces dernières années, puisqu'en 2007, l'indice de corruption comorien était de 74[16].

« *Avec un score de 19 sur 100, les Comores figurent parmi les cinq pays les plus corrompus en Afrique subsaharienne* », indiquait de son côté la rédaction de Comores-infos, le 7 février 2023.

Chaque secteur économique du pays est touché par le phénomène, dont la virulence tient de l'épidémie : aucune strate de la société n'est épargnée, de la base populaire au sommet de l'État. Sans surprise, les marchés publics constituent le terreau le plus évident de la corruption aux Comores, mais le phénomène se décline sous de multiples formes. Les adminis-

[16] Source : Transparency international, 2022.

trations de Moroni sont gangrénées par l'absentéisme, l'incompétence, le clientélisme et les passe-droits de toutes espèces ; les rares centres de la fonction publique implantés dans les provinces pâtissent du même phénomène. Il en résulte un niveau d'efficacité opérationnelle particulièrement bas, et des résultats constamment déficitaires malgré les promesses répétées du personnel politique. Aucune réforme de la fonction publique ne semble parvenir à endiguer la corruption généralisée depuis ces dernières années. Une corruption qui prend ses racines dès le plus jeune âge chez les Comoriens : l'esprit citoyen est mal enseigné dans les campagnes comme à la ville, une majorité de maîtres d'école et d'enseignants sont mal formés, nonchalants et de tempérament fataliste. Malgré eux, ils transmettent chaque jour à des générations d'écoliers les miasmes de l'indifférence et du désengagement.

De Moroni à Fomboni, la culture de l'excellence paraît une vaste blague. On lui préfère les savoirs mous, polémiques et antiscientifiques. L'alphabétisation très relative des masses d'écoliers se conjugue à une arrogance nationaliste délétère qui travestit la perception de la crise du pays : les thèses du complot macèrent dans les consciences, alimentées en flux continu par des discours de victimisation permanents. Dans ce contexte, tout raccourci devient légal pour s'approprier les biens publics. L'État est appréhendé comme une charogne sur laquelle on prélève les bouts de gras accessibles. Dans les campagnes, les notables et petits chefs font la loi au détriment des règles édictées dans la Constitution. L'esprit du féodalisme, puisqu'il corrige les déficiences du service public, bénéficie de l'indulgence et des suffrages de la collectivité : les petits arrangements constants des notables finissent toujours par faire avorter ou évider de l'intérieur les projets les plus utiles. Les sommes d'argent mutualisées par les consciences avancées finissent toujours dans les poches les plus larges, au détriment de la modernisation des villages. Les transferts d'argent issus de la diaspora marseillaise et plus largement française sont préemptés – et souvent même détournés – au profit de réalisations opaques, jamais conformes au projet préconçu. Dans ce contexte, la défaillance publique se conjugue aux escroqueries privées, et aucun programme citoyen ne parvient à exprimer sa pleine mesure. Il en résulte un cycle infini de frustrations mêlé d'effets d'aubaine à la petite semaine, de rêves de cocagne microscopique et de dénonciations impuissantes. En première ligne, les politiques qui s'approprient la manne publique via de vastes systèmes de redistribution informels : graisser la patte à chaque échelon intermédiaire d'une administration demeure le plus sûr moyen d'aspirer un pourcentage conséquent des aides internationales ou des subsides publics.

Afin de réduire drastiquement la corruption qui entrave le développement du pays, je préconise un plan en plusieurs étapes.

- Premièrement, la constitution d'une charte, d'un *Vade Mecum* officiel, spécifiant les recommandations techniques aux personnes morales de droit public et de droit privé pour prévenir et détecter les faits de corruption, de trafic d'influence, de concussion, de prise illégale d'intérêt, de détournement de fonds publics et de favoritisme.

- Deuxièmement : une formation citoyenne à la probité, depuis les classes de la petite enfance jusqu'à à la fin des études. Puisque toute pédagogie sérieuse passe par la répétition, cet enseignement serait quotidien, et matérialisé par des axiomes à répéter en chœur auprès du maître ou de l'éducateur. Il s'agirait là du premier volet de la formation anticorruption des citoyens comoriens.

- Troisièmement : un rappel systématique à l'ordre, par l'entourage ou la hiérarchie éducative, dès la moindre fraude constatée (tricherie, recopiage, filoutage…).

- Quatrièmement : des peines renforcées contre les prévenus coupables de corruption active ET passive, assorties de stages de formation obligatoires à l'esprit citoyen. Afin que ce type de stage soit effectif, un entretien individuel mensuel avec un agent de l'État serait obligatoire pendant un an pour chaque infracteur. L'agent en question vérifierait les connaissances acquises et suivrait le parcours de l'individu afin de s'assurer d'un changement réel de comportement social.

- Cinquièmement : constitution d'un délit d'atteinte à la probité (avant le degré de corruption avérée), et sanctionnable par un avertissement officiel.

Autre axe primordial de la lutte anti-corruption : une formation obligatoire des fonctionnaires aux règles de déontologie cardinales. Cette formation conjuguerait séminaires théoriques, leçons et entretiens individuels touchant aux faits délictuels et à leur identification. Tout ce travail serait articulé autour de sept grands principes :

- probité
- intégrité
- impartialité
- dignité
- neutralité
- laïcité comorienne
- vigilance citoyenne

Naturellement, ces ambitions ne sauraient se réaliser pleinement que si elles se retrouvent intégrées à la structure quotidienne et collective de la nation comorienne. Sans cela, ce projet finirait dans les limbes, à la manière des belles promesses de campagne ordinaires. Le passage à la réalité passe toujours par un budget soigneusement déployé, et un système de vérification rigoureux. Une conception exclusivement policière et normative de la lutte anti-corruption serait insuffisante : il en retourne que le véritable changement passera par une évolution qualitative du rapport des Comoriens à la chose publique et à la citoyenneté. En d'autres termes, la rigueur comportementale des uns produira l'émulation des autres, puis l'évolution générale du pays hors du charnier de la corruption.

Des fonctionnaires spécifiquement chargés de la vérification comptable et des opérations de leurs collègues seront également nécessaires.

Une méthode anticorruption officielle et viable dans le pays serait fondée

1- sur la cartographie des risques dans chaque secteur visé (régulièrement actualisée)

2- sur la gestion des risques en trois étapes :

a) prévention (code de conduite, formation, évaluation des tiers par système de notation)

b) détection (alerte interne, contrôle diligenté)

c) remédiation (définition de mesures correctives, régime disciplinaire)

3- sur des audits internes régulièrement organisés

Un centre national de lutte anti-corruption pourrait être créé via un financement international, avec des antennes dans les provinces. Les Comores pourraient devenir à moyen terme un pays formateur de brigades anti-corruption, exportables sur tout le continent africain. Un tel chantier ne pourra cependant voir le jour avant plusieurs années. La première phase d'un tel projet prendra du temps : il s'agira de faire converger des experts internationaux de la lutte anti-corruption pour enseigner et coconstruire la méthode nationale que nous cherchons. À ce titre, les travaux de l'Agence Française Anticorruption pourraient constituer une base initiale, au vu de l'urgence qui s'impose au pays.

Les modalités de mise en œuvre de tous ces dispositifs devraient être précisées par un collège d'experts, dont les fonctions s'étendraient à une analyse annuelle de l'état de la corruption dans le pays, secteur par secteur.

La mise en œuvre des dispositifs anticorruption à venir aux Comores serait corrélée à un barème précis d'amendes et de peines judiciaires. Le constat des infractions devrait être lui-même contrôlé et corroboré par une instance indépendante, via des déploiements aléatoires, ou sur le fondement de plaintes répétées contre un agent. Un code éthique et déontologique renforcé devrait être transmis à toutes les instances impliquées, et régulièrement rappelé pour que ses préconisations s'impriment durablement dans la société.

Deux cas illustratifs de la corruption aux Comores :

1- L'affaire de « l'Agid », ou le racket fiscal à Moroni, en 2022 : des agents de l'administration fiscale comorienne soutirent régulièrement des sommes d'argent indues aux petits commerçants de la capitale, promettant des ristournes, faisant directement pression en leur qualité de représentants de la force publique. De nombreuses langues se sont déliées sous couvert d'anonymat, et un véritable « système mafieux » a pu être pointé dans la presse.

2- l'affaire Nazra, de Comores Telecom, générant des doutes sérieux sur l'intégrité du système judiciaire :

- Enquête bâclée

- Incohérences concernant le traitement différencié des prévenus (les principaux acteurs concernés n'ayant étrangement pas été entendus par la Justice)

- soupçons de manipulation des procédures judiciaires.

L'interconnexion insulaire

« Une île est par définition fragile, nomade. Tout le monde a peur qu'elle se dissolve à un moment donné ou parte à la dérive. »

Erik Orsenna, *Lire*, juin 1997

L'un des freins majeurs au développement des Comores réside dans l'enclavement de ses îles. Mayotte, que les Français occupent, génère une attraction perturbatrice, aux dépens de l'équilibre économique régional. Les trois îles qui demeurent sous la souveraineté comorienne, Anjouan, Mohéli et Ngazidja, pâtissent d'isolement et d'un manque flagrant de connexions entre elles. Cette situation semble donner raison à José Carlos Llop, qui prophétisait naguère que les îles sont toujours des frontières face au monde. Si nous réfutons cet oracle, il faut bien reconnaître que nos îles sont trop enclavées, et qu'elles se tournent mutuellement le dos. Quels facteurs expliquent ce phénomène ? Comment rompre ce mécanisme et renouer le destin commun de nos îles, en évitant la voix autoritaire ? Ces questions appellent une réflexion complexe, sur le temps long, et nous n'avons pas la prétention de les résoudre en un chapitre. Simplement, nous esquisserons quelques pistes afin d'approcher, nous l'espérons, de solutions. Une nation ne peut demeurer divisée sans que son cœur ne s'amenuise. Le salut des Comoriens passe par une réunification nouvelle de nos territoires et de nos citoyens.

La situation socio-économique de nos îles est disparate. Comme chacun sait, Ngazidja (la Grande Comore) et la capitale Moroni concentrent la quasi-totalité des structures administratives, des richesses et des instances décisionnaires du pays. 70 km séparent ses côtes de Mohéli, mais Anjouan est distante de plus de 100 km. Mohéli et Anjouan sont quant à elles distantes de 60 km. Ces frontières liquides pourraient être de simples routes maritimes au trafic fluide, si les liaisons par bateaux et avions étaient optimisées. La création d'une compagnie aérienne nationale est la première urgence. Une urgence qui concerne au premier chef le ministère des Transports. Comment fluidifier et accroître la circulation des Comoriens des trois îles ? La question du co-développement pointe sous cet enjeu. En effet, une bonne synergie entre les îles permettrait une croissance mutuelle, le dynamisme d'une île entraînant celui des autres, par capillarité. À l'heure actuelle, près de 66 000 voyageurs maritimes effectuent les traversées inter-îles annuellement. Le trajet dure en moyenne près de deux heures, dans des conditions catastrophiques. L'imposition gouvernementale de normes de confort pour réguler ce marché est urgente.

Passées ces remarques préliminaires qui ont un goût d'évidence, nous devons considérer que les trois îles en question sont peu comparables entre elles : un même profil-type de développement ne peut donc leur être appliqué, indifféremment.

Considérons par exemple les données géographiques et démographiques : Anjouan s'étend sur 424 km², Mohéli sur 290 km² et Ngazidja 1148 km², soit près du double de la superficie des deux premières îles réunies. Anjouan possède une densité de 772 habitants au km², Mohéli 180 et Ngazidja 357. Anjouan a subi une déforestation brutale au cours des deux dernières décennies et ses cours d'eau sont à sec. Une situation écologique très préoccupante, couplée à un enclavement sérieux malgré la présence d'un grand port. Une réalité qui pousse nombre d'observateurs au scepticisme. Ainsi, début 2023, un journaliste déclarait avec une pointe d'exagération :

« *Anjouan a pris ces dernières années l'allure d'une île qui a perdu tout contrôle. Elle donne l'impression qu'il n'y a plus de responsables politiques dans l'île. Le marché noir a fait son apparition, même le riz commercialisé par l'État est vendu d'une façon mafieuse. (...) Le manque d'autorité des responsables étatiques renforce les actes des individus mal intentionnés qui cherchent à nuire aux plus faibles. Ce sont donc les plus forts qui font la loi. (...) Quand on demande à un Anjouanais ce qu'il pense des élections de 2024, il répond que cela ne le concerne pas parce que ces élections sont jouées d'avance puisqu'on sait déjà quel camp va les remporter. (...) Beaucoup d'Anjouanais quittent leur île, émigrent vers les autres îles de l'archipel, même à Mohéli* » (Naenmati Ibrahim, Masiwa Comores, 16 mai 2023)

Puis de conclure :

« *Cette immigration de masse fait que l'île reste la risée des autres* ».

Le lecteur l'aura compris, la situation d'Anjouan requiert des investissements colossaux sur plusieurs décennies, afin de remettre à niveau le développement local. Les perspectives de travail doivent être améliorées afin d'accroître l'attractivité de l'environnement insulaire. Ce qui manque à Mutsamudu et dans les localités moyennes de l'île, ce sont des centres publics adaptés pour subvenir aux besoins quotidiens de la population, presque exclusivement paysanne. C'est là que la diversification économique s'impose pour les prochaines années : ici, l'agriculture est omniprésente, peu rentable, et mal organisée. Aussi elle sature l'espace. Il en résulte des choix de vie plutôt réduits pour la population locale, des perspectives de carrière à faire évoluer, et à diversifier. Dans un premier temps, délocaliser sur place certaines enseignes de Ngazidja serait utile, tout comme l'implantation d'industries de transformation secondaire. Des écoles de l'excellence pourraient être introduites à Mutsamudu et dans ses environs pour attirer les jeunes anjouanais les plus méritants (ainsi qu'à Mohéli et à Ngazidja par ailleurs). La fondation d'une élite locale est nécessaire, travail que nous ne pourrons réaliser qu'au prix d'une application littérale de la loi sur l'autonomie des îles, et par l'accueil d'investisseurs étrangers. Un nouveau type de mise en valeur de l'île est à penser, qui passe par la construction de quelques grands complexes hôteliers (pôles d'attraction de devises étrangères) et de ressorts capables de concurrencer – à terme – ceux de l'île Maurice. Une population accrue de ressortissants étrangers serait utile pour dynamiser le commerce local et fouetter l'instinct entrepreneurial. Le grand chantier de demain, pour le Comorien d'Anjouan, c'est l'avènement d'une circulation nouvelle, expresse, qui lui permettrait de travailler la journée à Mohéli ou à Ngazidja, et de rentrer le soir chez lui sans qu'il y ait perdu des heures[17]. La création d'une compagnie maritime "express" nationale serait la clé d'un tel chantier. Des antennes du ministère de l'Intérieur devront être implantées dans les années à venir à Anjouan comme à Mohéli, afin que les citoyens locaux puissent renouveler plus aisément leurs papiers d'identité ; plus généralement, toute démarche administrative devra être facilitée pour les Anjouanais et Mohéliens grâce à des antennes étatiques implantées au plus près des populations. Enfin, l'idée d'une délocalisation du Ministère du Commerce et de l'artisanat à Anjouan me semblerait intéressante, au vu de la vocation portuaire de l'île. Il en résulterait une cohésion politique renforcée avec Moroni, et par suite un rééquilibrage symbolique du pouvoir sur l'ensemble du territoire.

Anjouan est la porte vers Mayotte et, de surcroît, la porte du cimetière du bras de mer qui sépare l'île de Mayotte des autres îles sœurs. Cette situation causée par des raisons économiques et sanitaires implique le renforcement des capacités de

---

[17] La même possibilité serait tout aussi nécessaire pour les habitants de Ngazidja et de Mohéli.

l'île par Moroni en termes de développement, et vise à sauver des vies qui périssent lors de cette traversée liquide.

La situation géographique de Mohéli est singulière. Malgré son étendue réduite et son état de pauvreté, l'île possède un fort potentiel touristique, déjà partiellement exploité (mais insuffisamment). Le relief forestier vallonné offre de formidables panoramas, tout comme la physionomie très gracieuse des plages au liséré blanc. La majesté du lac d'Itsamia devrait aussi être valorisée davantage. Le véritable problème, ici, c'est l'état catastrophique des routes, qui rend la circulation difficile : il en découle une atrophie de l'économie locale, car les flux humains et matériels y sont plus rares qu'ailleurs. Qu'on y songe, l'approvisionnement en carburant de l'île n'est pas même centralisé (pas d'infrastructure citerne). Mohéli ne dispose pas même d'un port avec quai standard, ni d'un aéroport pour avions long courrier. Dans les années à venir, la capitale locale, Fomboni, devrait disposer d'un embryon de quartier d'affaires en lieu et place de son plus gros quartier insalubre. Un vaste chantier potentiel, qui devrait être accompagné d'une ambitieuse politique d'indemnisation et de relogement des populations locales. Construire en dur, voici l'urgence première qui devrait orienter la politique d'urbanisation de Mohéli. Enfin, il s'agirait de régler le scandale de la cherté des trajets en avion, qui réduit considérablement l'utilité de l'aéroport Bandar Es Eslam. Dans la mesure du possible et pour les années à venir, je préconise l'étude d'une délocalisation du ministère de l'Agriculture à Mohéli.

Comme chacun sait, Ngazidja concentre pour sa part la majorité des richesses du pays, les administrations, les ministères... La capitale Moroni regroupe tout ou presque des bâtiments importants, ce qui impose aux villageois de converger sans cesse vers la grande ville pour obtenir tel ou tel papier, régulariser telle ou telle situation. De fait, une décentralisation progressive s'impose. Ce qui permettrait une meilleure connexion entre les îles, c'est l'aménagement de la mer, si je puis dire, et plus précisément l'aménagement des rivages. Dans les prochaines années, la modernisation des structures portuaires sera la grande question, le chantier sur lequel tout se jouera. Cette nécessité a déjà fait l'objet de nombreuses propositions, et il serait injuste de dire que rien n'a été entrepris. Dès 2011, par exemple, sous le président Sambi, un vaste projet de connexion inter-îles a été établi. Malheureusement, ce projet titanesque fut progressivement revu à la baisse, et les chantiers impliqués se sont égarés dans les sables… Il s'agissait à l'origine de construire de petits ports pour relier les îles, mais aussi de restaurer le port de Moroni, et de construire un grand port international à Domoni sur l'île d'Anjouan. La machine s'est grippée pour diverses raisons, dont le gigantisme du projet n'est sans doute pas la moindre. Désormais, l'idée est plus modestement de créer un port reliant la grande île des Comores à Mohéli. Notons que ce projet est soutenu par la Banque mondiale, la Banque islamique et la Banque africaine de développement.

Dernièrement, le 22 mars 2023, Moroni Terminal a lancé les études d'agrandissement du grand quai du port de Moroni, épaulé par le cabinet international Arcadis, le ministère des Transports et le laboratoire national des travaux publics. Remédier à une infrastructure logistique insuffisante est le principal objet de ce vaste plan de modernisation, avec en toile de fond l'idée de stimuler l'industrie.

Il me semble que c'est avant tout la modernisation des petites embarcations entre les îles qui doit s'imposer : une offre plus adaptée aux populations, de plus gros bateaux munis d'un confort supérieur, une offre de vaisseaux-navettes pour hommes et femmes d'affaires. Enfin, et plus largement, la création d'une compagnie nationale des transports routiers serait souhaitable, pour optimiser les flux intérieurs dans les trois îles, et pour garantir des prix non prohibitifs aux citoyens ordinaires.

Le scandale des chantiers locaux inachevés

« *Le point de départ de toute architecture est l'habitation. Une maison unit le corps et l'âme de ses habitants, et incarne cette union. (...) Dès lors qu'on accorde de l'importance à une maison, élément matriciel de l'architecture, même en changeant d'échelle, un grand bâtiment saura toujours conquérir les cœurs* »

Tadao Ando, architecte japonais, lauréat du Prix Pritzker,
Entretien pour Pinault Collection, 11 janvier 2021

C'est un constat unanimement partagé : les chantiers ne manquent pas aux Comores. Cahin-caha, chaque localité s'organise pour créer les conditions de son développement à travers la construction d'infrastructures de base (centre de santé, école, mosquée, centre culturel, place publique, etc.). À défaut d'initiatives étatiques, ce sont elles qui financent leurs propres chantiers via les tontines et les recettes coutumières de l'organisation féodale. On pourrait s'en réjouir, mais le problème est qu'en raison du défaut permanent de subsides, d'études préalables, et de compétences techniques des opérateurs, ces chantiers ne sont jamais correctement terminés. Les Comoriens vivent au milieu de demi-bâtiments, de ruines qui n'ont jamais été détruites et d'édifices amputés pour cause d'arrêt brutal des travaux. La physionomie des paysages s'en ressent, au détriment de la beauté naturelle de nos îles. Cet état de fait doit être dépassé au cours des années à venir. Un travail initial sur les mentalités est nécessaire : ce qui paraît aujourd'hui banal tout en suscitant des haussements d'épaules devra bientôt être tenu pour scandaleux. Le statu quo délétère règne lorsqu'il n'y a personne pour s'étonner, s'insurger contre l'anormal.

Or, chacun en conviendra à tête reposée, un bâtiment sans toit ou une école construite aux trois quarts sans finitions visibles, ce n'est pas "normal". Si ce n'est pas normal mais que c'est pourtant l'ordinaire, alors il existe un problème de prise de conscience, ou de résignation. C'est avant tout cet état d'esprit qui doit changer, avant même les questions d'argent, de financement, ou de technique. Le « je-m'en-foutisme » est diffus partout, et tout le monde finit par s'en accommoder. C'est là qu'une société cohérente doit se signaler en réagissant dès les premières questions de détail. La prise de risque encourue pour les publics est majorée lorsqu'on ouvre un bâtiment qui ne présente pas les garanties optimales de sécurité, lorsque les matériaux de construction sont défectueux, ou lorsqu'on a terminé un mur au rabais. Hors questions de moyens, l'instinct d'initiative des populations sur l'état de leur environnement est actuellement déficient. L'éducation au goût est une question malheureusement plutonienne pour les masses comoriennes : c'est par de tels détails, pourtant, que le progrès ambiant s'élève, et que les sociétés accèdent à une certaine douceur de vie.

Les édifices construits dans la plupart de nos communes, que ce soit à Ongojou, Lingoni ou Pidjani, sont souvent fonctionnels mais inachevés. Il en résulte un sentiment d'impuissance et d'incompétence malgré des investissements souvent conséquents. L'option de l'architecture modulaire est une piste intéressante et relativement peu coûteuse, mais seulement pour pallier les manques d'infrastructures sur le court terme.

Comment favoriser une meilleure gestion du développement local avec une meilleure synergie entre le pouvoir féodal informel, l'élite gouvernementale et les opérateurs professionnels ? C'est le mécanisme de ces interactions qui est à revoir et à inscrire dans des procédures normatives nouvelles. Par exemple, il serait nécessaire de créer une institution citoyenne de réflexion et de planification des projets locaux (IRC2PL) dans chaque localité.

Cette institution composée de cadres bénévoles des localités aurait une vocation de cabinet de conseil préalable, avec quelques missions propres :

- Établissement d'un plan de développement local (PDL) sur une période de 10 ans

- Vulgarisation des projets à travers des réunions publiques

- Remise officielle du document aux autorités féodales, décideurs locaux.

- Remise du document au principal partenaire financier (souvent la diaspora)

- Sollicitation d'un expert agréé

Objectifs :

- Mieux orienter les finances publiques des localités dans des projets qui répondent aux besoins des citoyens et aux normes de l'art et de sécurité

- Optimiser la gestion des ressources à travers un financement maîtrisé des projets (projets chiffrés, devis, etc.), ainsi éviter les pots de vin et l'évaporation organisée des recettes.

- Éviter la multiplication des investissements non maîtrisés dans plusieurs projets simultanément, se soldant par des chantiers inachevés.

Une vraie réflexion collective est à engager sur le sujet, les intellectuels comoriens doivent être plus actifs que jamais sur ce point : la profusion des chantiers inachevés figure l'ampleur des manques de la société comorienne. Les travaux de second œuvre sont inexistants, les finitions font exception, à l'image de notre gouvernance. Le développement des Comores passe par un nouveau suivi de tout ce qui est entrepris.

Par ailleurs, traiter cette question permettra une meilleure visibilité des potentialités immobilières des Comores et les efforts des particuliers, notamment des expatriés, seront récompensés. Notre patriotisme doit passer par un gain d'attention et de minutie pour toutes sortes de détails. C'est à ce prix que nous réformerons l'esprit général du peuple.

La mise en place d'un label national des villes et villages modernes (LN2VM) serait une solution à privilégier. Nul doute à ce titre que l'esprit compétiteur des Comoriens se prendrait de suite au jeu, permettant une nouvelle implication générale.

Tant que le pays ne disposera pas d'une réelle politique de développement des localités, ou tout simplement une politique de la ville, l'état de fait demeurera. Il faut une impulsion des pouvoirs publics conjointement à une impulsion qui partirait des masses. C'est la conjonction de ces deux impulsions qui permettrait le changement réel.

Quels moyens seraient utiles pour accompagner cette évolution de mentalités ? L'appareil statistique, la constitution d'études régulières dans chaque localité, consultable par quiconque le souhaiterait. Une classification des localités en termes de développement pourrait porter beaucoup de fruits, elle permettrait à chacun de prendre conscience finement de l'environnement dans lequel il vit. Sans chiffres, sans évaluations, les villageois demeurent aveugles au milieu de leur univers familier.

La politique de la ville est une révolution en devenir, qui permettra de véritables avancées dans la vie quotidienne des Comoriens. La construction de nouvelles zones commerciales modernes stimulera la modernisation des petits commerces artisanaux qui pullulent un peu partout. C'est la concurrence qui permet l'innovation et l'amélioration des performances. Sur ce point, les féodaux devront jouer le jeu et éviter le réflexe du corporatisme ou du protectionnisme. S'il refuse la modernité et l'évolution des normes, le féodalisme finira par disparaître comme un vieux système de coutumes révolues. La « balle » est dans le camp des notables.

Refonder l'accès à l'emploi

« La seule voie qui offre quelque espoir d'un avenir meilleur pour toute l'humanité est celle de la coopération et du partenariat »

Kofi Annan, Assemblée générale de l'ONU,
24 septembre 2001

Chacun le sait, le marché de l'emploi aux Comores est aussi accessible que le *Livre des morts* égyptien. À la sortie de l'école, les jeunes gens se retrouvent face à un labyrinthe indescriptible s'ils ambitionnent le moindre poste technique ou rémunérateur. Toute espèce d'ambition non vénale finit irrémédiablement écrasée sur le mur obtus de l'administration comorienne : exposez vos projets, vos idées d'entrepreneur enthousiaste, sollicitez un accompagnement public… après un temps de silence, vous éveillerez l'hilarité générale et on vous rembarrera gentiment. C'est que l'état d'esprit comorien ne s'embarrasse pas de subtilités : travailler, c'est une question de survie, d'aubaines et de places à prendre. Le reste, c'est de la littérature ou des idées d'intellectuels assis. Résultat : nos îles connaissent un chômage de masse gigantesque avec un taux avoisinant les 50 % chez les jeunes diplômés. De quoi décourager le plus endurci des créateurs. À la base de la catastrophe de l'emploi comorien se trouve donc un problème de *philosophie du travail*. L'environnement économique sinistré n'est pas la première cause de cette crise structurelle de l'emploi. La pierre d'achoppement fondamentale, c'est encore une fois la mentalité collective. La culture professionnelle n'est comprise qu'en termes d'avancements et d'opportunités sonnantes et trébuchantes. Si naturellement beaucoup de Comoriens s'appliquent dans leur travail, la passion technique et les initiatives audacieuses manquent généralement.

La culture des affaires est loin d'équivaloir ce qu'elle peut être au Kenya, ou plus généralement dans les pays de l'Afrique anglophone. Dans ces conditions, le marché de l'emploi ressemble à une halle aux poissons installée sur un amas de taules. Les passe-droits et autres achats d'emploi liquéfient toute la cohérence des filières officielles et contractuelles. Il en retourne que presque aucun employé comorien ne se trouve au lieu et à la place qu'il devrait occuper selon le critère objectif des "capacités". S'ils étaient nés sur nos îles, Aristote pousserait des caisses sur un monte-charge et Bill Gates conduirait des migrants sur un kwassa kwassa. On me répondra que j'exagère, que de véritables entrepreneurs existent à Moroni et dans les grandes agglomérations alentour. C'est là se payer de mots : la grande majorité de nos talents sont tués dans l'œuf, découragés à force d'obstacles stupides et répétés. Oui, l'inventivité et le talent existent naturellement parmi nous, mais toute forme de réussite est atrophiée, conditionnée, rationnée par un système inextricable que personne ne parvient plus à comprendre. Ceux qui ont de l'ambition et de l'éducation partent grossir les rangs de la diaspora.

Récemment, l'Agence française de développement (AFD) synthétisait le problème en ces termes :

« *Aux Comores, hormis quelques filières de rente, l'agriculture (57 % de la population active) est basée sur un modèle d'autosubsistance à faibles rendements, peu inséré dans le marché formel. Malgré son importance dans l'économie comorienne, le pays importe près de 75 % de ses besoins alimentaires. On constate également un déficit important de services marchands de base notamment en milieu rural. En outre, le chômage est un défi majeur : il touche les femmes 2 fois plus que les hommes et près d'un jeune (15-24 ans) sur 2 est concerné.* »

On l'aura compris, c'est notamment le secteur agricole qui est en crise, car il fonctionne selon les vieux codes d'un modèle éculé. Le paradoxe terrible étant que malgré ce poids immense de l'agriculture sur le marché du travail local, les autorités sont obligées d'importer massivement les ressources alimentaires. Il en retourne que la filière agricole est totalement sinistrée, qu'elle ponctionne quatre à six fois trop d'emplois sur l'effectif national des travailleurs. Ce surplus stérile d'emplois agricoles vide en retour les autres secteurs, qui nécessiteraient largement plus d'embauches. Le rééquilibrage des effectifs du secteur primaire vers les secteurs secondaire et tertiaire comblera mécaniquement une part du retard au développement du pays. La question clé étant : en combien de temps la société comorienne réalisera ce transfert ?

Nous connaissons les solutions préconisées par l'AFD :

- *Renforcement des structures professionnelles et d'accompagnement de l'emploi (syndicat, Maison de l'Emploi, OSC, incubateurs...)*

- *Amélioration de la structuration des filières vivrières*

- *Augmentation de la productivité agricole, de la résilience des exploitations, des opportunités d'emploi en milieu rural*

Ces pistes sont globalement fondées, mais demeurent génériques et incomplètes. En effet, il semble avant tout nécessaire de réformer les usages paralysants du système féodal, dont la prise sur les rendements est déterminante. L'amélioration de la structuration des filières vivrières passera nécessairement par cette réformation générale. Par ailleurs, le « dégraissage » progressif de la filière agricole passera par une émergence parallèle de l'économie du tourisme et par une intensification de l'industrie maritime. Il manque dans la plupart des localités des entreprises petites et moyennes capables d'absorber une part du chômage structurel : en 2019, l'indice concernant la facilité des affaires s'élevait à 160 aux Comores, loin derrière l'Albanie (82), la bande de Gaza (117) ou encore le Guatemala

(96)[18]. Cela signifie que faute de fluidité du marché du travail, la majorité des travailleurs s'agrègent au moloch agricole, d'autant plus inamovible et stérile qu'il croule sous les effectifs.

Le maître mot, c'est l'entrepreneuriat : la possibilité de fonder en peu de temps et sur tout le territoire des entités économiques autonomes et aisément extensibles, hors du système agricole. Pour ce faire, il conviendrait de multiplier les salons des entrepreneurs chaque année avec des sessions itinérantes jusqu'aux localités les plus distantes de Moroni comme Mramani, Kangani ou Chindini. Ces opérations impliqueraient certaines subventions étatiques ou, à défaut, le concours du mécénat privé.

Autres axes réformateurs :

- Aller vers une transformation progressive de la pléthore d'emplois informels en emplois formels, via des formations rapides et accessibles depuis l'environnement scolaire, mais aussi des systèmes de validations d'acquis plus sérieux.

- Renforcement des filières techniques et universitaires professionnalisantes sur nos trois îles[19]. Intégration de la culture de la formation continue tout au long de la carrière (ouverture de stages rapides et professionnalisants pour chaque travailleur dès qu'il souhaite faire évoluer sa situation, auprès de pôles de proximité ou de pôles itinérants, promotion des métiers techniques avec institution de formations-types en binôme avec un professionnel différent chaque trimestre).

---

[18] Plus l'indice s'éloigne de 1, plus il est difficile de faire des affaires dans le pays. Source : Banque mondiale, 2019.

[19] Reconnaissance et création des filières techniques de niveau 3 et niveau 4 (CAP, BEP, Bac pro) ainsi que dans l'enseignement supérieur (licence pro, Master pro).

- Alléger les effets délétères de l'appareil bureaucratique comorien en favorisant l'accessibilité aux pouvoirs publics depuis chaque commune du territoire, et en améliorant drastiquement l'accès au numérique.

- Régulation de la filière administrative, proliférante, transfert incitatif des sureffectifs vers les métiers du secteur tertiaire.

- Création d'un institut supérieur national du Tech et du digital : *Comoros Tech*

- Construction de centres d'affaires sur nos trois îles, signalés par une politique architecturale ambitieuse : ancrer quelques gratte-ciels dans le paysage d'une ville attire tendanciellement les investissements internationaux.

- Construction de zones d'activités économiques régionales (bureaux, locaux de stockage) permettant d'accueillir des potentiels investisseurs et des services comme la délocalisation administrative d'une entreprise internationale.

- Promouvoir la transformation des produits locaux, précisément les produits de rente (vanille et Ylang-ylang) afin de permettre la création d'une réelle valeur ajoutée en matière d'emploi et de richesses.

- Création d'unités de production et de transformation des produits de première nécessité.

Le système féodal aux Comores

« *Nous ne nous contentons pas de suivre les traditions, nous les créons* »

Kwame Anthony Appiah, philosophe ghanéen,
Repenser l'identité

À l'échelle locale, le fonctionnement de la société comorienne est régi depuis des siècles par une nébuleuse de pratiques culturelles autonomes, distinctes du contexte religieux musulman et de la gouvernance étatique : il s'agit du système féodal, pourvoyeur de réseaux d'entraide tacites, parfois providentiels mais ordinairement ambigus et peu performants. Ce système coutumier résiste aux fluctuations de la modernité, protégeant les populations rurales des rudesses du capitalisme tout en les maintenant sous une forme d'anesthésie économique. Il en résulte une série d'effets paradoxaux sur les ménages, qui bénéficient et pâtissent dans le même souffle de cet ordonnancement social parallèle : la hiérarchie des légitimités qu'impose le système féodal place les notables et "petits coqs" au sommet de la pyramide rurale, tandis que les entrepreneurs isolés, sans réseaux d'amitiés, n'ont aucune mainmise sur leur sort, ni sur leurs propres projets. Le *Milanantsi*, ou féodalisme, est donc un élément contextuel clé pour comprendre ce qui bloque et conditionne l'avenir de la société comorienne. Si une abolition brutale de ce système au profit d'une modernité parachutée de l'Occident aboutirait à la catastrophe, il est cependant urgent de le réformer de fond en comble.

La véritable question qui se pose est celle des modalités de cette réforme nécessaire. Où placer le curseur ? Comment associer les acteurs bénéficiaires de ces réseaux traditionnels à une refondation générale plus prospère et compatible avec la modernité ?

En 2018, le président Azali avait décrété :

« *Le mila-nantsi est le socle de la paix civile* »

Un avis controversé qui avait fait grincer des dents chez les partisans d'une modernisation radicale du pays.

De fait, le féodalisme protège une logique qui fait primer la parole du notable sur celle du sachant. Il s'agit d'une forme de paternalisme rassurant mais délétère pour le monde de la science et de l'expertise. Dans cette mesure, il vient vite à l'idée de rééquilibrer la hiérarchie des légitimités en associant la voix du sachant à celle du notable au sommet de la pyramide. Un tel changement permettrait d'injecter de la rationalité et un surcroit de performance dans ledit système, sans qu'il soit besoin de prêcher l'abolition pure et simple. Le Comorien a l'esprit peu spéculatif, c'est un fait. Aussi, les décisions reviennent traditionnellement aux plus âgés, en dépit des capacités respectives et sur un mode de préséance symbolique. Actuellement, toute personne s'opposant au système féodal est exclue, ce qui signifie que nous ne sommes clairement pas dans un environnement démocratique. Les intellectuels et les diplômés ont tendance à fuir cet environnement qui remet les décisions aux mains des mêmes figures inamovibles. Aussi les villageois s'impatientent parfois de cotiser dans un système qui se reproduit éternellement, et qui est manifestement incapable de tirer ses affiliés vers la prospérité. Atténuer les effets de la pauvreté : voici la principale vertu du féodalisme, qui est aussi une structure d'entraide et de solidarité rassurante.

Au cœur de ce mécanisme, on trouve un fait social original : la tontine, et son principe de cotisations tournantes à l'échelle du village, de la famille élargie, ou du réseau d'amitiés.

Anatomie de la tontine (Mtsanguo)

La tontine est une institution officieuse de solidarité mutuelle dans un microcosme familial, amical ou villageois. Elle n'est pas exclusivement comorienne, mais plus généralement africaine, et de nombreuses diasporas subsahariennes installées en Occident la perpétuent au-delà des mers[20]. Son mode de fonctionnement peut varier sur certains points de détail, mais le principe est la cotisation tournante afin d'aider chaque membre lorsqu'il en a le besoin imminent[21]. Notons que certaines tontines peuvent regrouper jusqu'à 120 personnes, et que les sommes cumulées dans leur circuit interne peuvent atteindre des dizaines de milliers d'euros. Aux Comores, elles sont souvent employées pour financer les grands mariages, certains investissements personnels liés au travail, ou des événements festifs dans le cadre familial au sens large. Pour récolter les fonds nécessaires au projet du moment, on envoie le cahier de comptes pour notifier tel ou tel événement, et les personnes cotisent en fonction de leur place et de leur tour.

Une grande partie des Comoriens, quel que soit le rang social ou leur situation financière, participent de près ou de loin au système mutualiste de la tontine. Il s'agit dans les faits d'une micro-banque informelle, qui permet de s'affranchir de certaines règles et tracasseries administratives qui ont cours dans le circuit officiel. Ayant personnellement assisté et pris part à l'organisation de tontines de la diaspora comorienne en France (Ma buku ya mitsango), je puis témoigner de la complexité du phénomène, et de son intérêt social pour les

[20] La tontine se retrouve même jusqu'en Chine, où on l'appelle *hui.*

[21] Contrairement à ce que sa sonorité badine laisse entendre, la tontine ne tire pas son nom de "tonton" ou de "tantine", mais plus sérieusement d'un banquier napolitain du XVIIe siècle, Lorenzo Tonti : celui-ci avait conçu une convention liant plusieurs personnes possédant des capitaux en commun.

personnes en délicatesse temporaire avec leur fiche de paie. La tontine se vit comme une parade à la fatalité administrative et sociale du quotidien. Elle offre une alternative potentielle à ceux qui n'ont pas les moyens d'être appuyés par le système officiel. C'est un mécanisme solidaire, mais non pourvoyeur de miracles : les sommes engagées s'agrègent et aident les uns et les autres à tour de rôle, ponctuellement, mais rien de plus. Il en retourne qu'on ne saurait fonder la prospérité d'un ménage ou d'une nation sur une telle base fragile. En effet, la tontine a tendance à maintenir ses "actionnaires" dans un réseau de schémas entrepreneuriaux traditionnels, du moins peu novateurs. Il m'est personnellement arrivé certaines mésaventures à ce titre :

- Entre autres expériences malheureuses, je garde particulièrement en mémoire celle de l'année 2012. Récemment arrivé en France, j'avais réuni des jeunes originaires de mon village pour ouvrir une tontine. J'ai trouvé une salle à La Courneuve, mais les féodaux ont rapidement bloqué l'initiative : ils ont refusé l'objet, et dérivé notre projet vers le grand mariage. Ce fut la douche froide, et l'occasion de prendre conscience des obstacles bien réels que l'esprit comorien traditionnel pose lui-même contre l'entrepreneuriat indépendant. C'est un trait connu des sociétés à penchant tribal que de toujours faire primer le groupe sur l'individu.

- En 2019, j'ai de nouveau réuni les féodaux de ma proximité. Je souhaitais initier un état des lieux de l'acculturation des enfants de la diaspora nés en France. Bilan : nos enfants ne nous voient pas assez. Le week-end, nous autres adultes sommes accaparés par les mariages, on ne reste pas suffisamment auprès d'eux. Satisfaits et pleins de bonne conscience car on envoie régulièrement de l'argent aux Comores, nous délaissons en retour ceux qui nous sont les plus proches. Dès lors, il serait utile de fonder un projet remédiant à cette attitude tendancielle : acheter une salle pour nos enfants, afin qu'ils puissent se regrouper, et que nous soyons tous ensemble dans un contexte festif dédié à eux seuls. Le fait d'impliquer les enfants dans un lieu, de les responsabiliser est déjà un objectif citoyen. Malheureusement ma proposition expira bien vite, car aucun féodal conservateur ne bloqua l'initiative.

- En 2020, lors d'un séjour aux Comores, j'ai tenu une conférence auprès de jeunes cadres, à propos du développement local. Objectif : élire un représentant des villageois, créer un bureau d'études pour édifier des projets « clé en main », et les proposer aux féodaux. Cette initiative fut de nouveau boycottée. Cette fois, il s'agissait de jeunes cadres ombrageux qui n'entendaient pas qu'un Comorien de la diaspora ose bousculer leur quotidien. J'étais alors resté 9 mois au pays, notamment pour monter et faire prospérer un centre d'appel avec 32 employés : « Ylang marketing ». J'ai formé pendant quelques mois les effectifs, nous y avons longtemps cru, mais une fois encore les entraves se sont amoncelées et il a fallu fermer le centre après quelques mois d'exploitation. Nous avons perdu beaucoup d'argent sur cette création, et une certaine amertume m'a gagné en raison du gâchis généré contre ce travail.

Si certains décrètent exagérément que la tontine, sous ses dehors d'entraide solidaire, est en réalité le principal ennemi de la modernisation économique d'une population, il est vrai qu'elle peut comporter certains risques en enlisant l'entrepreneur dans un réseau de dépendances non professionnelles et amoindrissantes. En effet, toutes les poches desquelles est sorti l'argent que vous récoltez vous réclament en retour un certain droit de regard sur vos investissements. Résultat : vos projets ne vous appartiennent plus à 100 % et finissent parfois déviés sur d'autres canaux, parce que tel ou tel notable en a décidé autrement. On l'aura vite compris, dans le contexte d'une économie concurrentielle, l'investisseur "disruptif" ne peut performer bien longtemps à l'aide du système tontinier.

Comment moderniser le système tontinier ?

Avant tout en fondant un appareil réglementaire plus sécure, des garanties contre l'arbitraire des influences personnelles, et l'introduction d'arbitres, de professionnels efficaces au côté des personnalités inamovibles des notables.

L'esprit bienfaisant de la tontine doit perdurer, mais d'autres tontines, plus professionnelles, doivent émerger sans concurrencer les premières « ancien modèle ». Certains pourraient ainsi parler de « tontines premium », réservées à un réseau de pairs, d'entrepreneurs entourés d'arbitres aux compétences économiques plus étendues. Il s'agirait là d'une manière de dépasser la logique du féodalisme traditionnel, sans pour autant le détruire.

L'esprit de jalousie et de petits calculs chez certains notables doit être dépassé. Dans un monde moderne, dans un pays que l'on entend tirer vers l'avenir, nulle place pour de tels instincts médiocres.

Enfin, il conviendrait de fonder de véritables banques tontinières, et d'y inclure de véritables moyens modernes et digitaux.

Le Mranda, la tradition du féodalisme solidaire

La tontine est loin d'être la seule forme de solidarité économique au sein du système économique traditionnel des Comores. Un autre modèle mutualiste structurait naguère la vie des campagnes, avant que les assauts de la modernité n'en désagrègent plus ou moins la pratique. Il s'agit du Mranda, ou de l'échange rotatif de main d'œuvre dans les campagnes, afin de bénéficier aux exploitations de chacun.

De quel principe s'agit-il ? À tour de rôle, les voisins d'un villageois viennent lui prêter main-forte sur ses terres afin d'accroître spontanément le rendement de sa production. En labourant à plusieurs et d'arrache-pied la parcelle d'un tel ou d'un tel, on s'assure en retour les faveurs du collectif le temps venu. Jusqu'aux années 90, la culture rizière aux Comores bénéficiait largement de ce modèle économique solidaire.

Lorsque les graines atteignaient leur maturité, les villageois se retrouvaient de nouveau pour la récolte. Les panicules étaient alors coupées à la faucille, puis séchées au soleil ; le battage s'effectuait sur le sol à l'aide d'une batte en bois ; les grains obtenus étaient alors vannés, pour que le vent emporte la glume ; enfin, on versait la production dans de grands sacs que l'on convoyait sur la tête jusqu'au point de stockage.

Ainsi fonctionnait le Mranda, cette forme de coopérative informelle et rustique, pourvoyeuse de cohésion sociale et de sentiment unitaire. Une version alternative du Mranda avait aussi cours : le Mawaha. Il s'agissait d'une cérémonie coutumière au cours de laquelle les hommes des environs étaient sollicités pour participer aux travaux de construction de la demeure d'un tel ou d'un tel. Symboliquement, cette cérémonie marquait l'accession du garçon à l'état d'homme fait.

À une autre échelle, on pratiquait abondamment le troc, rejoignant le fameux principe universel des sociétés traditionnelles du don/contre don. Dans cette mesure, le manque de moyens financiers pouvait être partiellement surmonté, et une forte cohésion solidaire en résultait.

Éthique féodale, éthique démocratique

À quel point les systèmes économiques traditionnels que nous venons de décrire étaient-ils efficaces ? Le principe de solidarité qui les constituait permettait-il de se passer des machines perfectionnées qui allaient bientôt envahir les champs d'Europe et d'Amérique ? En d'autres termes, l'éthique féodale se suffisait-elle à elle-même ou requérait-elle certains changements drastiques, au plan technique et politique ? Un nouveau type d'éthique, inspiré de la philosophie démocratique, laissait se profiler d'autres horizons de prospérité. La question dépassant largement le cadre des sociétés rurales, on la transposa bientôt à l'échelle nationale et, plus précisément, au sommet de la pyramide sociale…

Comment mesurer l'intégrité de ceux qui gouvernent le peuple ? Cette question se pose depuis l'Antiquité, et sans doute même antérieurement[22]. On distingue souvent deux facteurs à prendre en compte :

- l'un fondé sur l'intégrité des individus

- l'autre fondé sur l'intégrité des institutions

J'ajouterais un troisième facteur, fondé sur l'intégrité du corps social : c'est bien des profondeurs de la société qu'émergent les institutions et les individus d'élite qui gouvernent la collectivité. Il en retourne que les sociétés qui ne sont pas foncièrement intègres à la base ne le seront certainement pas au sommet de leur organisation.

À Rome, par exemple, la vertu était au fondement de l'aptitude à exercer le pouvoir[23]. Les membres du Sénat étaient surveillés dans tous leurs faits et gestes par des censeurs, et ce jusqu'à la gestion de leurs rapports familiaux ! Naturellement, nous ne préconisons pas l'introduction de tels censeurs pour

---

[22] Dans les sociétés du paléolithique supérieur, il y a 15 000 ans, les groupes humains constitués plaçaient à leur tête des hommes réputés plus avisés et sages que les autres, selon des modalités diverses. Le souci de l'intégrité était déjà là, de manière balbutiante, mêlé à d'autres exigences.

[23] Ce qui n'a pas empêché Néron de gouverner !

réformer la gouvernance comorienne. En revanche, la promotion de la vertu éthique comme impératif comportemental me semble urgente, afin que nous puissions réformer nos vieilles pratiques féodales. Ces dernières composent le substrat des Comores depuis des siècles, et elles irriguent nos traditions populaires du quotidien. Il ne serait nullement question de les supprimer, mais bien plutôt de les refonder, de les réactualiser au contexte de la modernité, pour éviter qu'elles finissent par disparaître.

À ce titre, il est évident qu'un tel idéal ne pourra se concrétiser sans éclaircir la question juridique aux Comores.

Dans sa thèse sur le pluralisme juridique aux Comores (2018), Mohamed Djaé Oulovavo souligne la pluralité des normes en matière de justice aux Comores, générant un « manque de lisibilité » et de cohérence. Ainsi, « *on constate que les règles s'accumulent, qui se contredisent, ce qui complique la tâche du juge et affaiblissent le système judiciaire qui cède le pas à la pression des intérêts partisans* »[24].

Aussi,

« *Les règles issues des différents systèmes divergent sur la fixation de la majorité civile, sur le droit de tutelle des mineurs, sur le statut de la femme dans le mariage et après le divorce, sur les successions des terrains où les conflits sont latents. (...) Face à cette situation, les plaideurs ont recours aux traditionnelles solutions d'arrangement qui ne vont pas nécessairement dans le sens du respect du droit* »[25]

Pour prendre un exemple concret, considérons le cas foncier : lors d'un litige concernant la propriété d'une parcelle de terrain, l'issue sera telle ou telle selon que l'on invoque la

---

[24] Mohamed Djaé Oulovavo, Le pluralisme juridique de la justice et ses limites dans l'Union des Comores, p.16.
[25] Ibid

coutume matrilinéaire, le droit musulman ou la règle française. Dans ce contexte incertain, comment défendre en l'état le système féodal et l'éthique ambiguë qu'il génère ? En l'état, c'est à qui sait jongler avec les différentes strates du droit comorien à son avantage que revient le triomphe quotidien. Une telle situation ne correspond pas aux standards démocratiques dont le peuple comorien devrait bénéficier en toutes circonstances. C'est en articulant cette pluralité juridique au cadre générique démocratique que la société féodale amorcera sa mue éthique.

Le grand mariage, institution phare du système féodal

Le centre névralgique du système féodal n'est pas dans les conseils de quartier, ni dans la tontine ou les négociations crypto-juridiques, mais dans un fait social d'une grande originalité : le grand mariage, ou le fameux anda. Étalée sur plusieurs semaines, l'institution du grand mariage aux Comores permet une forte cohésion sociale en dépit du dénuement collectif. C'est le véritable trait d'union général, le point central sur lequel convergent toutes les merveilles et les défauts de la société. Pourquoi une tradition si profuse et complexe au cœur d'un pays si démuni ? C'est que tous les rêves, les économies personnelles et autres dépassements de soi sont indistinctement précipités dans cette institution dont la portée symbolique écrase toute considération rationnelle. L'anatomie de ce fait social prodigieux est d'une complexité redoutable.

De nombreuses étapes ritualisées scandent l'heureux événement : mwafaka (fiançailles), uhanza, mbe za karamu, hwenda dahoni… jour de la danse des hommes, jour des distributions rituelles, jour de la sortie de bibi harusi (nom rituel de la mariée), jour de la cérémonie, moment de la remise des bœufs, de l'abattage des bœufs…

Naturellement, la succession de ces agapes, préparatifs et festivités représente un coût très substantiel qui entre dans les stratégies de notabilité et le capital symbolique des familles. Elles impliquent notamment un budget pour les achats de nourriture, de boissons, de parures et vêtements coutumiers (le dragla, le djoho…), les coûts d'organisation et d'infrastructures, location des tables, les enveloppes d'argent, les cadeaux divers... Des dons réciproques sont engagés, et l'on consigne soigneusement dans des cahiers qui échange quoi lors des festivités. D'énormes sommes cotisées serviront ainsi au financement du départ d'un tel à l'étranger, etc.

Le grand mariage est une institution plus ancienne que l'islam aux Comores. Il faut comprendre cela pour appréhender son importance, le caractère primordial qu'il revêt, et la débauche de moyens qu'il mobilise malgré la pauvreté ambiante. Il offre un véritable modèle de syncrétisme, car il s'est adapté aux nouveautés du droit islamique lorsque celui-ci s'est imposé. Il s'agit même d'une véritable « valeur refuge » depuis l'arrivée des colons français au XIXe siècle. Se contenter de dénoncer le grand mariage comme une source de gaspillage est donc une erreur sociologique : en effet, comme nous le rappelle Youssouf Abdillahi, il existe un lien étroit entre le grand mariage à Ngazidja et la migration de ses habitants : les sommes d'argent collectées lors de l'événement servent notamment à financer les départs. Les sommes encaissées par l'organisation féodale servent aussi à financer le développement local, malgré les abus. Il ne s'agit donc pas d'un fait social festif monolithique, mais plutôt d'une stratégie financière collective à plusieurs étages. Néanmoins, il serait intéressant d'optimiser et de rationaliser la débauche de moyens mobilisés, afin que ceux-ci puissent servir le collectif de manière plus efficiente. En premier lieu, il conviendrait de rendre moins dépendantes les familles du qu'en-dira-t-on social, celui-là même qui les oblige à se saigner pour faire étalage d'une fausse prospérité et plus basiquement pour « épater la galerie ».

Il conviendrait d'éloigner cette servitude inquiétante des familles face à l'œil social et à son trouble pouvoir coercitif. Le grand mariage ne peut, de doit plus passer devant les investissements professionnels et hypothéquer le train de vie des Comoriens. Il s'agit là d'une question de morale élémentaire, d'un point urgent à traiter au plan de la morale collective. Tout en pesant nos mots, nous devons appeler à une prise de conscience générale afin que le grand mariage ne génère plus d'effets troubles dans l'économie des ménages comoriens. Indirectement, l'une des causes du retard à l'amélioration des conditions de vie est là. Nous concevons fort bien qu'il est difficile d'entendre une telle chose, mais il serait malhonnête de le cacher. Le féodalisme doit absolument évoluer sur ce point, sous peine d'être un jour balayé par la jeunesse de demain.

L'idéal du "Mdru Mdzima", l'homme complet féodal

Chacun connaît le mythe du "surhomme", que Nietzsche tailla dans le roc philosophique. Aux Comores, la sagesse intemporelle a tiré du féodalisme un autre type d'idéal viril, celui du Mdru Mdzima, ou "l'homme complet". Cet idéal est comme la synthèse anthropologique de toutes les coutumes traditionnelles que nous avons décrites : l'esprit noble et solidaire qui en émane aboutit sur le plan humain à un certain type de personnage solaire, le Mdru Mdzima. Cette figure archétypale incarne toute l'ambivalence de la féodalité comorienne : une singularité éthique inimitable, quasi mythique, doublée de faiblesses liées au primat de valeurs prémodernes idéalisées.

Rappelons que le féodalisme, ou *Mila-nantsi,* est une forme de gouvernance au sein de laquelle l'autorité centrale s'associe à des hommes forts, les seigneurs locaux, qui eux-mêmes s'associent à la population, selon un système complet d'obligations et de services. Le Mdru Mdzima est donc le trait d'union qui unifie sommet et base de la société comorienne. Il est la clé de voûte du système. Un système de gouvernance qui promeut une société civile para-démocratique originale, dans laquelle les citoyens mutualisent leurs efforts et sont encadrés par des notables non élus. La chaleur sociale qui émane d'un tel système protège tout un chacun, au prix de certaines aliénations.

Dès lors, se rapprocher du cercle des seigneurs demeure le principal rêve de bien des Comoriens du petit peuple, échaudés par la corruption des élites nationales et locales. Ce rêve paradoxal requiert une accumulation de sacrifices : le sujet doit notamment se soumettre à un rituel budgétivore, en organisant des cérémonies sur mesure, dans le but de se voir décerner la palme de l'homme complet, le *Mru-Mdzima*. Être et devenir quelqu'un, dans la société comorienne, c'est donc s'incliner devant ce modèle du féodalisme, qui survit au côté d'idéaux démocratiques antagonistes.

Le développement des Comores résultera notamment de la résorption des interférences entre féodalisme et culture démocratique. Une société moderne efficiente ne peut reposer, en économie comme en politique, sur la main invisible d'une caste de notables plénipotentiaires, aussi charismatiques et généreux soient-ils. Actifs en lieu et place d'un pouvoir central défaillant, leur encrage porte la marque d'une légitimité de fait. Aussi est-il difficile d'espérer l'avenir aux Comores, sans risquer de détruire l'identité du pays. L'idéal d'une société d'honneur mord parfois sur les marges de l'orgueil, au détriment du bien-être à long terme des générations futures.

Le développement endogène du féodalisme assure la coexistence paradoxale de la mutualisation des ressources et de l'extorsion de fonds, du développement intégré et de la stagnation économique collective.

Ce système subsiste au prix de certaines cruautés antiques, semblables au bannissement qui avait cours dans les cités grecques antiques. L'auteur de ces lignes se rappelle de la mise au ban d'hommes tels que le Président de la République Dr Ikililou Dhoinine, ou le maire de Vuvuni (région de Bambao). Le pouvoir coutumier offre à ses détenteurs des largesses qui interrogent tout citoyen démocrate : ainsi, la capacité qu'ont les notables de faire libérer un malfaiteur incarcéré par l'instance judiciaire, ou la possibilité de faire nommer tel ou tel "protégé" dans les arcanes dorés du pouvoir. Le choc conclusif de telles réalités ne fait pas mystère : les racines de la corruption quotidienne sont entremêlées au bel idéal féodal qui règne encore dans les cœurs. Endosser cette douloureuse vérité est une condition nécessaire de notre développement à venir. Ne refoulons pas, une fois de plus, les déplaisantes réalités dont notre subconscient est parfaitement instruit.

Ce n'est un secret pour personne qu'en Union des Comores la tontine au développement revêt une importance particulière dans le système féodal, où les mécanismes traditionnels de gestion financière jouent un rôle clé dans le développement local. Cependant, comme on vient de le voir, la tontine est souvent sujette à des risques liés à la sécurité financière et à la transparence. Pour remédier à ces problèmes, la mise en place d'une comptabilité financière rigoureuse et transparente, validée par un service dédié de la préfecture, sous la tutelle de la Cour des comptes, s'avère essentielle.

La gestion des tontines dans le contexte féodal comorien présente des défis majeurs en termes de sécurité financière et de transparence. Les risques potentiels comprennent donc la fraude, la mauvaise gestion des fonds, la corruption et la perte de confiance des membres. Pour garantir la pérennité des tontines et leur contribution au développement local, il est impératif de mettre en place une comptabilité financière efficace, supervisée par des autorités compétentes.

Il est temps de se dire la vérité : à l'heure actuelle, les seigneurs féodaux gèrent comme bon leur semble les maigres recettes des tontines. Il en résulte mécaniquement des résultats aléatoires et médiocres.

Mise en place d'une comptabilité rigoureuse

La première étape pour sécuriser les tontines au développement local est la mise en place d'une comptabilité financière rigoureuse. Cela implique la tenue de registres précis des contributions des membres, des distributions et de tout mouvement financier. Les normes comptables internationales et les meilleures pratiques en matière de comptabilité doivent être respectées pour garantir la fiabilité des données financières.

Validation par un service dédié de la préfecture

La validation par un service dédié de la préfecture est une étape cruciale pour assurer la sécurité des tontines. Ce service devrait être composé d'experts en comptabilité et en gestion financière, indépendants de la communauté des tontines. Ils examineraient régulièrement les registres comptables, vérifieraient la conformité aux normes comptables et s'assureraient de la licéité des opérations financières.

Sous la tutelle de la Cour des comptes

Pour renforcer davantage la confiance dans le processus de validation, il est recommandé de placer ce service sous la tutelle de la Cour des comptes. Il s'agit d'une institution gouvernementale indépendante chargée de superviser les finances publiques et de garantir la transparence et la légalité des opérations financières. En plaçant la validation des tontines sous sa tutelle, on assure une surveillance externe impartiale.

La sécurisation des tontines au développement local sous l'administration du système féodal par la mise en place d'une comptabilité financière rigoureuse, validée par un service dédié de la préfecture, sous la tutelle de la Cour des comptes, serait donc désormais la condition *sine qua non* pour garantir la pérennité de cette pratique. Cette approche renforce la confiance des membres, protège contre les abus financiers et favorise le développement local durable. Notre vision de la modernisation des pratiques traditionnelles passe par la sauvegarde de l'existant avec des mesures qui renforcent la durabilité.

Cette idée de faire du neuf avec du "vieux" pourrait paraître baroque, mais il nous semble nécessaire et vital de conserver le bon de cette pratique communautaire et populaire qu'est la tontine.

La diaspora comorienne, une force inusitée

« *La liberté que nous avons de déterminer nos priorités et notre loyauté envers les différents groupes auxquels nous appartenons est une liberté essentielle, qu'il nous faut reconnaître, apprécier et défendre* »

Amartya Sen, économiste indien, *Identité et violence*

Depuis des années, tout le monde a son petit avis sur les Comoriens de la diaspora. Certains affublent nos concitoyens d'outre-mer d'un halo messianique, d'autres les rejettent comme déserteurs ou enfants gâtés, jamais suffisamment généreux pour se faire racheter leur départ du pays. Qu'en est-il de la réalité ? Qui sont les Comoriens de l'extérieur, à quel portrait-robot répondent-ils ? Au-delà des fantasmes[26] et de la question de l'argent qu'ils envoient au pays, les Comoriens expatriés pourraient constituer de véritables ambassadeurs auprès de la communauté internationale. Dans les faits, ils ne remplissent pas suffisamment ce rôle, pour diverses raisons que l'on tentera d'expliquer.

En premier lieu, leur dissémination sur la planète est très peu étalée, ce qui réduit beaucoup leur marge d'action : en 2020, on les trouve dans trois pays principaux

- La France (200.000 personnes)

- Madagascar (12.000 personnes)

- Libye (4600 personnes)

[26] Combien de Comoriens, derrière leur critique de l'expatrié, rêveraient simplement d'être à sa place et de vivre sa vie ?

La population de l'archipel des Comores, elle, s'établit à 800.000 personnes.

Le soft power porté par la diaspora comorienne est donc structurellement très faible, car elle ne s'est véritablement implantée que dans deux pays étrangers, dont l'un est très pauvre. L'Asie, les Amériques, l'Océanie sont des continents quasiment orphelins du moindre Comorien. Dans ces conditions, il est impossible de fédérer une bourgeoisie comorienne influente dans le monde (France exceptée). En France même, la stratification sociale des Comoriens demeure très populaire, et peu de véritables mécènes issus de la communauté se distinguent[27]. Il en résulte un très faible rayonnement culturel, et par suite une attractivité quasi nulle du pays dans le monde. Sans être trop cruels, posons la question : quel pourcentage de petits Français sauraient placer les Comores sur un planisphère ?

Ces réalités doivent changer. La diaspora devrait essaimer progressivement hors de France, et constituer des noyaux significatifs sur chaque continent. L'une des clés de notre développement réside précisément là, dans ce défi. Naturellement, le gouvernement de Moroni devrait accompagner ce plan ambitieux, subventionner les familles volontaires et suivre leur évolution grâce à un nouveau réseau d'ambassades. Il s'agirait d'un investissement onéreux, mais qui serait très rémunérateur à moyen et long terme. En avril 2020, un rapport EUDIF / AFFORD relevait une évidence sévère :

« *Historiquement, le gouvernement des Comores a toujours manifesté un manque d'intérêt pour sa diaspora, ainsi qu'un*

[27] Combien de grandes fortunes d'origine comorienne peut-on dénombrer dans le monde ? Sans grandes fortunes privées, peu de mécénat possible, peu de rayonnement industriel, peu d'indépendance et d'alternatives pour les populations face à l'État central.

manque de ressources allouées à l'engagement de la diaspora, malgré la taille importante de la diaspora par rapport à la population du pays et sa dépendance vis-à-vis des envois de fonds. L'absence d'une politique de la diaspora et de données précises sur la localisation et la composition de sa diaspora est un obstacle à l'augmentation des flux de transferts de fonds et des investissements de la diaspora »

Le fait massif, incontournable, est le suivant : les transferts de la diaspora constituent 20 % à 25 % du PIB des Comores, soit près d'un quart (en 2019, la diaspora a transféré 158 millions d'euros aux Comores)[28]. Résultat : les indicateurs économiques du pays sont artificiellement rehaussés, offrant l'image d'un nouveau pays à revenus intermédiaires, ce qui n'est dans les faits pas le cas. Si les membres de la diaspora entamaient une véritable et durable ascension sociale partout où ils se trouvent, le budget des Comores augmenterait significativement (à condition que les transferts ne soutiennent pas exclusivement la consommation). Demain, des réseaux comoriens devront s'implanter au Japon, en Corée, en Allemagne, au Brésil, au Canada, constituant l'équivalent d'une nouvelle île comorienne délocalisée sur les cinq continents. L'architecture d'un tel projet passera nécessairement par l'envoi d'étudiants dans le monde entier, et par l'implantation de familles dotées d'un gros bagage éducatif. Nous pourrions être à l'aube d'un tel exploit, mais je crains que les instances gouvernementales actuelles n'aient pas le souffle pour une telle aventure.

L'esprit de solidarité qui anime incontestablement la diaspora comorienne – réputée par ailleurs pour son pacifisme et louée pour sa discrétion – est insuffisant : l'illusion dont cet esprit de solidarité est porteur, c'est l'idée d'un progrès

[28] Source : Agence ECOFIN, 1er juillet 2020.

arraché par la charité et le coup de pouce[29]. La vérité peut sembler cruelle, mais ce serait forfaiture que de la taire : en se serrant perpétuellement la ceinture pour leurs frères, les Comoriens de la diaspora pensent trop souvent s'être acquittés de leur part. Dans les faits, une fois les transferts de devises accomplis, ils n'ont fait que la moitié du chemin nécessaire. Ce qui manque, ce qui serait le plus fondamental, c'est qu'ils prospèrent et construisent un véritable soft power là où ils se sont implantés. Dans les années à venir, une véritable course aux diplômes et aux professions libérales adviendra. Elle a déjà commencé, et les diasporas asiatiques l'ont compris depuis des décennies.

À ce sujet, la conscience collective des Comoriens de France n'est pas encore tout à fait prête : le choix des grandes ambitions pour chacun ne doit pas être un tabou, ni faire le lit des persiflages dans la communauté. Les petites jalousies respectives sont un cancer qui stagne depuis trop longtemps au sein de nos communautés de Marseille, de Lyon et d'Ile-de-France. Il suffit d'entendre l'aigreur de certains discours lors de certains meetings pour s'en convaincre. Nous devons faire évoluer notre état d'esprit, sortir des conservatismes de bon aloi, être capables de subvertir la parole des notables lorsque celle-ci relaie les réflexes de paralysie culturelle.

Le 17 août 2023, l'Union des Chambres du Commerce a une nouvelle fois encouragé la diaspora de France à investir aux Comores. Un appel cyclique, nécessaire, mais qui pourrait être prolongé par d'autres innovations que le fameux « Diaspora Day » : muscler les mesures incitatives, proposer des secteurs d'investissements plus lisibles, mettre davantage à l'honneur les individualités et entreprises qui se distinguent par leurs dons… Beaucoup reste à faire pour fertiliser la

[29] L'argent de la diaspora sert souvent à pallier les carences de l'État en matière d'adduction d'eau, d'électrification, de construction de routes, d'écoles, d'infrastructures sanitaires au pays.

manne de la diaspora sans que celle-ci ne serve qu'à pallier les trous dans la voilure. Aussi, les efforts conjoints de l'ANPI (Agence Nationale pour la Promotion des Investissements) et de l'UCCIA (Union des Chambres du Commerce) devront être renforcés à l'avenir. La rhétorique de l'accompagnement des investisseurs sonne encore assez creux, et le cortège d'implications administratives décourage beaucoup de bienfaiteurs dans les faits. Reconnaître cela ne devrait pas choquer. Il s'agit d'une évidence, et l'on en viendra à bout par quelque chose qui ressemble au « choc de simplification » que proposait la Présidence française à ses électeurs il y a quelques années (mais qui était resté lettre morte).

L'économie solidaire : vers un nouveau paradigme

« *Ce que vous devriez vraiment rechercher, dans un monde qui nous réserve toujours de mauvaises surprises, c'est l'intégrité intellectuelle : la volonté d'affronter les faits, même lorsqu'ils ne sont pas d'accord avec vos idées, et la capacité d'admettre ses erreurs et de changer de cap* »

Paul Krugman, Prix Nobel d'économie,
Economiafinanzas

Comment moderniser l'économie des Comores sans écraser les traditions qui font la richesse de notre pays ? Certains pessimistes pointeront la quadrature du cercle, d'autres choisiront de s'en remettre aux modèles du FMI ou de la communauté internationale. Dans ce contexte, existe-t-il un chemin spécifique que pourrait emprunter notre peuple vers la modernité et l'élévation du niveau de vie, sans pour autant perdre son âme ? La réponse est oui, et elle passe par une notion toute simple : l'économie solidaire.

Parler d'économie solidaire, ce n'est pas promouvoir un énième vœu d'entraide idéaliste pour venir au secours des pauvres. C'est, plus franchement, parler d'un nouveau paradigme, d'une nouvelle façon de faire fonctionner le pays à tous les échelons de la société. L'économie solidaire n'est pas un concept généreux coincé entre l'humanitaire et le marxisme, ou un vœu pieux qui transformerait Bill Gates en mère Theresa.

Sur nos îles, la hiérarchie des légitimités s'est enrayée depuis de nombreuses années ; certaines affiliations sont devenues anachroniques, et la structure des sujétions symboliques doit être révisée de fond en comble. Indéniablement, ces évolutions s'imposeront dans la douleur et de nombreuses voix s'élèveront pour contester le viol des traditions. Or, nous le constatons chaque jour, notre appareil productif ne décolle pas, nos industries sont rachitiques, et les secours du féodalisme n'épongent pas l'ampleur de la misère aux Comores. Il en retourne que notre modèle économique est dépassé, enfoncé même par une gouvernance impuissante. La réforme collective initiale qui nous incombe, c'est donc d'enfin distinguer Tradition et traditions : c'est la première qui est fondamentale, quand les secondes sont révisables. Vérité que confirme le philosophe sénégalais Souleymane Bachir Diagne :

« *Toutes les cultures, même orales, font montre de cette capacité proprement philosophique de prise de distance et de reprise critique de leur tradition* »[30]

L'économie solidaire pourrait incarner la phase transitoire entre l'économie coutumière traditionnelle et celle d'un pays prospère à hauts revenus, ancré pleinement dans la modernité. L'un de ses premiers fondements serait le suivant :

Les féodaux financeraient des coopératives au profit de tous, plus performantes que le Mranda. L'entraide agricole serait renouvelée, de manière plus féconde, via un encadrement mécanisé et scientifique. Le fameux labourage à tour de rôle, transmetteur de savoirs ancestraux et promoteur d'unité, ne doit pas être supprimé mais au contraire réformé. Le principe d'une agronomie propre et d'une agriculture respectueuse de l'environnement coïncide avec de nouvelles technologies et de nouveaux principes de travail en commun permettant des rendements largement supérieurs à ceux que l'on constate actuellement. Le mythe romantique d'une société rurale saine et bucolique ne doit pas écarter les impératifs nécessaires à la prospérité réelle, dans un monde concurrentiel fort. Les

[30] Philosophie magazine, n° 56, février 2012.

campagnes des Comores ne sauraient vivre en autarcie. Si leur identité est suffisamment forte, elles ne la perdront pas en consentant aux nouveaux modes de production accélérés. Dans ce nouveau contexte, la persistance du travail en commun est vitale, sans qu'il nous faille aller jusqu'au collectivisme. Puisqu'à l'heure actuelle, le rendement d'un tracteur dernier cri équivaut au travail acharné d'une vingtaine d'hommes outillés sur un champ, l'économie solidaire doit prendre en compte le principe de réalité : le travail solidaire de demain interviendra via l'exploitation partagée d'une machinerie motorisée fonctionnant "bio". L'exploitation d'énergies renouvelables sur les machines agricoles réduira mécaniquement la dépendance aux combustibles fossiles.

Autre principe de l'économie solidaire : il ne suffit pas de se réunir, ni même de partager ou de mutualiser, pour être solidaire. La solidarité réelle excède la question de la répartition : elle a pour premier fondement l'accroissement productif de ce qui pourra, dans un second temps, être redistribué. Le versant stratégique de la valeur productive doit désormais primer, si l'on entend améliorer les statistiques agricoles à Ngazidja, Anjouan et Mohéli. Il est donc capital que les féodaux se coordonnent dans chaque commune pour financer l'achat de tracteurs pour les labours et, plus généralement, de machines de pointe afin de stimuler la production de chacun[31]. Les machines acquises par la commune pourraient être exploitées alternativement par les fermiers dépourvus de moyens propres, ce qui constituerait une formule alternative du Mranda traditionnel. Nous devons bien comprendre que les

---

[31] On se souvient, en 2016, de la distribution gracieuse de matériel agricole par le PNUD aux paysans de Bandasamlini-hamalengo et de Sidju-Idjinkoundzi : entre autres choses 24 brouettes, 96 barres à mine, 120 pelles et 120 binettes. Soyons clairs : ce n'est pas ce type de matériel qui fera décoller la production agricole comorienne, mais plutôt des tracteurs, des faucheuses-conditionneuses, des pulvérisateurs nouvelle génération.

solutions d'agriculture intelligente sont désormais accessibles et incontournables : le maintien sur nos sols d'une agriculture "romantique", qui fleure bon le temps de Pagnol, c'est la raison majeure de la catastrophe de nos rendements. L'essor de cultures "premium" à destination internationale devrait être favorisé plus franchement : au début du XXIe siècle, on ne comptait pas moins de 42 variétés comoriennes de bananes… de quoi permettre de judicieuses sélections pour le négoce !

L'économie solidaire n'est pas une série de formules techniques, mais une approche holistique du développement. Promouvoir l'entrepreneuriat local ainsi que les petites et moyennes entreprises est au cœur de sa mission. Multiplier les coopératives agricoles, de pêche et d'aquaculture, en misant notamment sur l'appareillage technique et la transmission des savoirs les plus aboutis. Pour ce faire, l'économie solidaire encourage la création de séminaires réguliers dans tous les secteurs professionnels, afin que les travailleurs puissent actualiser leurs connaissances auprès de spécialistes reconnus. Afin de parfaire le mode de développement requis, la création d'un Institut supérieur de l'économie solidaire (ISES) serait idéale – bien qu'une telle solution ne pourrait être engagée qu'après des années de pratique expérimentale. Aussi, la mise en place d'un plan national sur la formalisation de l'économie solidaire « SOLIDAKOM » serait souhaitable (ainsi que la création de fonds de recherche et développement).

Selon l'économie solidaire, les taxes de la coutume pourraient financer la modernisation à l'échelle locale. Aux Comores, il n'existe ni TVA ni impôts locaux comparables à ce que l'on trouve en Occident. Nous avons les taxes coutumières, mais leur usage est aléatoire et peu efficace. Elles ne devraient plus être confiées à la discrétion des notables féodaux. Des fonctionnaires devraient en être les gestionnaires attitrés. Dans les faits, comme on l'a vu plus haut, les féodaux bloquent trop souvent l'argent récolté sur les populations, et celui-ci n'alimente pas le fonctionnement de l'administration publique. Il s'agirait de créer des bureaux de conseil au plus près des populations, afin de casser les réflexes grégaires habituels. Afin de favoriser l'émulation technique et productiviste dans les campagnes, il conviendrait de développer les prix agricoles dans chaque région. De vastes foires ouvertes au public, offrant des compétitions inter-villageoises quant à la culture de tel ou tel produit[32] : l'exhibition de tondeuses autoportées, d'ensileuses automotrices, de tracteurs intelligents provoquerait de réelles prises de conscience chez les villageois s'esquintant chaque jour aux champs. Oui, l'économie solidaire insistera sur l'introduction de la science sur chaque parcelle du territoire comorien, afin d'extirper les aléas de la fatalité, et les pratiques d'exploitation médiocres. La création d'associations munies d'un compte en banque, dans chaque localité, permettrait de solliciter des budgets, de monter des dossiers sérieux, de prospecter activement sur la rentabilisation de ses moyens de production. Les fermiers pourraient bénéficier d'un « crédit rural », intervenant dans le temps précédant la récolte. Ces micro-changements dessineraient à la longue une nouvelle sociabilité, et une certaine accélération du temps dans les campagnes. Assumer ces changements sera nécessaire. La focalisation sur les promesses hypothétiques du pouvoir central génère une forme d'apathie collective. L'économie solidaire rappelle qu'il n'est pas question d'attendre un quelconque parachutage du développement. Celui-ci doit partir de la base, le reste suivra.

Il faut donc renforcer la capacité des acteurs locaux et amorcer un travail de déconcentration : le pouvoir de l'Etat doit être relayé réellement au plus près des citoyens. La décentralisation, c'est l'administration locale. Elle n'a pas

[32] Il serait utile de mettre en place des fermes pédagogiques avec le concours technique de la France : les travailleurs ruraux viendraient s'y former.

encore pris. Il n'y a pas de budgets concrets alloués à l'échelle municipale. Le bric et le broc demeurent trop souvent la règle. Une solution serait la création d'un budget minimal alloué pour chaque commune. Il s'agirait surtout de mettre en place des intercommunalités. Or cela implique de modifier l'organisation territoriale. La logique de la nouvelle configuration des communes, regroupant plusieurs villages en « commune », devrait impulser une rationalisation du dialogue avec l'État et permettre le développement territorial. Cependant, les résultats escomptés mettent en évidence les difficultés de cette cohabitation forcée entre les localités, car chaque village souhaite gérer ses propres recettes coutumières. Pire encore, l'État ne verse aucune subvention à ces communes. Il faut changer l'organisation des communes. Permettre par exemple les villes qui le souhaitent avec des critères bien définis de constituer une administration communale indépendante, au lieu de les forcer à cohabiter avec d'autres villes ou villages, créant un déséquilibre de l'administration, voire même un blocus.

Une véritable politique de modernisation numérique et de digitalisation devrait aussi permettre de fluidifier nos services administratifs. Ce nouveau système permettrait en outre d'éviter les trop nombreux cafouillages actuels, dont la chronique est inusable[33].

Autre urgence : construire des éco-cités, repenser l'urbanisme en intégrant l'économie solidaire dans l'architecture urbaine. On pense à l'exemple intéressant des eco-city Zenata, redéployant la vie de quartier des anciennes médinas marocaines. Une harmonie avec la nature, des mobilités nouvelles, des interactions sociales dynamisées. Des équipements de proximité modernes, des salles à disposition des jeunes

[33] Dernier incident en date : au cours de l'été 2023, un simple problème de connexion informatique a durablement bloqué l'enregistrement des entreprises au Tribunal du Commerce…

entrepreneurs pour se réunir dans des espaces visiblement aptes à la dynamique du business.

L'objectif serait donc de construire des écoquartiers visant des politiques de développement durable. En Afrique, il existe déjà des écoquartiers comme dans la banlieue du Caire en Égypte. Aux Comores, ce genre de structure urbaine pourrait constituer un appel formidable pour l'expatriation des cadres et ingénieurs internationaux. Le financement pourrait être privé, via par exemple un partenariat avec des capitaux émiratis, coréens ou canadiens[34]. En 2014, la ville ivoirienne Abidjan a obtenu le financement d'un écoquartier par des opérateurs français. Les écoquartiers supposent un investissement civique fort des habitants, capables de veiller eux-mêmes au bon entretien de leur quartier : réunions de copropriétaires, financements collectifs, etc. Des projets solidaires de location-accession pourraient être développés : un accompagnement vers la propriété de bâtiments cossus, pourvoyeurs de comportements en rapport avec le nouveau standing. Ces écoquartiers abriteraient tout un panel de services intégrés : structures hospitalières de proximité, centre administratif et sportif, zone commerciale, orphelinat pour éviter aux enfants la misère des rues.

L'économie solidaire doit favoriser l'accès au crédit, d'une manière moins arbitraire qu'au sein des tontines traditionnelles. Elle encourage la levée de fonds hors des Comores, dans le cadre d'appels à projets précis : faire un appel massif au mécénat et favoriser la subvention internationale de nos structures éducatives, sanitaires et financières, sur la base de partenariats féconds[35] est une solution transitoire sur le

[34] Le soft-power de notre diaspora serait ici déterminant pour intéresser le monde à nos projets.

[35] Ainsi, l'investisseur tunisien AfricInvest participant à hauteur de 40 millions de dollars au financement de l'expansion de l'Université britannique d'Égypte ; en 2019, la banque européenne d'investissement

chemin du développement de nos îles. L'économie solidaire décrète que toute aide financière internationale doit être utilisée dans le cadre précis de missions claires, et sous le contrôle de fonctionnaires ou de citoyens délégués. L'objectif d'un tel protocole étant d'empêcher tout risque de corruption ou de détournement de fonds.

Dès lors, quelles sont les premières urgences qui incomberaient à l'économie solidaire ?

- Assurer la sécurité alimentaire sur le territoire des trois îles.

- Réduire l'économie informelle sans déstructurer les moyens d'écouler son travail. Transférer une part du pouvoir féodal aux relais associatifs.

- Faire augmenter les recettes fiscales via un transfert progressif du travail dans le cadre du marché officiel.

- Offrir des solutions de crédit avantageuses pour tout exploitant agricole hors du système tontinier, moderniser l'outillage de chacun et mettre en place des coopératives encadrantes.

- Favoriser l'entrepreneuriat, la formation technique tout au long de la carrière, et la possibilité de changement de vie professionnelle. Le lauréat du Prix Nobel d'économie 2022, Ben Bernanke, recommande expressément aux jeunes entrepreneurs d'apprendre à "analyser", "disséquer les problèmes", en rappelant qu'il ne suffit pas d'avoir la passion d'une activité pour bien la mener[36].

- Mettre en place une connectivité optimale dans les campagnes, initier une vraie décentralisation, implanter des relais

---

(BEI) engage 25 millions d'euros dans le fonds Amethis pour des PME africaines à forte croissance ; etc.

[36] Interview Nobel Prize, Stockholm, 6 décembre 2022.

administratifs et hospitaliers au plus près des populations rurales. Créer un hub portuaire international.

- Implanter l'économie du tertiaire (les services) dans celle du secteur primaire agricole, équiper les campagnes numériquement, stimuler une véritable politique de transports publics quotidiens.

- Accompagner l'émergence de *Comoros Tech*, et des événements liés aux nouvelles technologies numériques. Il serait ainsi possible de prendre exemple sur l'Égypte qui, depuis 2018 et en partenariat avec le géant IBM, organise chaque année l'African App Launchpad Cup, un concours de Start-up africaines ultra compétitives. L'impulsion produite par de tels événements dynamise profondément l'environnement numérique local.

- Améliorer le cadre éducatif de nos enfants : apprentissage du swahili et de l'anglais dès le collège, afin de favoriser l'intégration régionale et mondiale du futur travailleur. Enseigner les valeurs de la probité et celles de l'entrepreneuriat.

- Ouvrir une agence de l'investissement et du développement des Comores (AIDC). Cette agence mettrait à disposition de la diaspora un portail numérique « FWALIKI ». Cet outil d'accompagnement des Comoriens de l'extérieur porteurs de projets ou d'initiatives leur permettrait d'entrer en interaction avec les acteurs locaux (ANPI, Nouvelle OPACO, MODEC, SYNACO, etc.), tout en permettant aux élus de mieux sensibiliser sur les priorités en matière de développement local et d'orienter la diaspora vers les opportunités de financement.

- Implanter des CAE (coopérative active pour l'emploi) à l'échelle de toutes les intercommunalités.

- Instaurer une protection sociale populaire. Actuellement, les programmes de protection sociale sont à l'état embryonnaire. Dans les faits, ils se réduisent aux prestations fournies par la Caisse nationale des retraites (CNR), la Caisse nationale de prévoyance sociale pour les salariés du public et du privé, les mutuelles de santé, les maigres pensions de réversion et celles versées aux handicapés[37]. La société civile, à travers le tissu associatif, peut s'emparer de la question. Des solutions concrètes peuvent être mises en place comme la création du « refuge ». Le refuge prévoirait d'accompagner et de prendre en charge pour un temps les personnes plongées dans la grande précarité (sans abris, mais plus largement personnes isolées en grande difficulté sociale). En Union des Comores, les sans-abris repérés sont en grande majorité (97 %) des personnes affectées par une pathologie psychique. Elles errent dans les quartiers de la capitale Moroni dans des conditions difficiles caractérisées par la famine, le surmenage, l'absence d'hygiène. Pour survivre, nombreux d'entre eux font la manche et les poubelles des deux marchés de la ville. Le refuge déploierait alors diverses actions en leur faveur :

- Maraudes
- Assistance médicale d'urgence
- distributions de repas
- Soins hygiéniques
- Complémentaire santé solidaire

[37] Perspectives économiques en Afrique © BAfD, OCDE, PNUD 2017, page 12.

- Renforcer l'interdiction du travail des enfants aux Comores, intensifier les contrôles dans les villages contre l'esclavage moderne[38].

- Plus légèrement (et pourtant tout aussi urgent) : création d'un grand plan de réflexion national contre la jalousie des citoyens. Une affection mentale extrêmement répandue sur nos îles, aboutissant à de prodigieux mécanismes de paralysie sociale : tout ce qui est un tant soit peu intelligent et utile se voit dans la minute dénigré, critiqué, puis impitoyablement saccagé au grand soulagement du voisinage impliqué. Trop souvent, la réussite du voisin est vécue comme une défaite personnelle, une menace lancinante : menace que votre épouse ouvre les yeux sur votre médiocrité foncière, que vos enfants vous découvrent falot.[39]

---

[38] À l'échelle mondiale, l'esclavage moderne concerne encore 40 millions de personnes, dont 71 % des victimes sont des filles et des femmes. Source : Organisation internationale du travail (OIT), 2017.

[39] Il s'agit là d'une extension de la jalousie conjugale, qui propage ses métastases dans le champ professionnel et qui noie toute édification raisonnable dans la boue du scandale. Ces mécanismes psychologiques sont l'un des pires tabous sous nos cieux comoriens. Ils nous condamnent à revivre sans cesse les mêmes désillusions. L'accumulation de nos frustrations agit comme une drogue sur notre passion de ne rien faire en accusant la terre entière de conspirer contre nous.

Racines et convictions

« *Le passé ne nous constitue pas, mais c'est nous qui le créons par notre mouvement même* »

Souleymane Bachir Diagne, philosophe sénégalais,
Philosophie magazine, février 2012

Lorsque je visite les lointains méandres de ma mémoire, j'en reviens toujours à une silhouette frêle, un peu vaporeuse : je vois une longue tache grise qui se découpe sur un fond grège et sablonneux. Approchons-nous : c'est une maison discrète aux murs de béton, au détour d'un carrefour d'Ivembeni[40]. Voici le lieu de ma naissance, il y a 35 ans, sous le ciel tourmenté de la grande Comore. J'ai fait mes premiers pas au cœur d'un foyer aimant, à la lisière d'un village enclavé dans l'arrière-pays de Ngazidja. J'étais le deuxième fils d'une fratrie de quatre enfants.

Ma famille avait une fière réputation auprès de l'entourage villageois. Sans être riches, nous vivions dans une aisance relative. Ma mère couvait de ses yeux protecteurs mes frères et mes sœurs, employant toute son énergie à nous élever selon les rigueurs traditionnelles. Mon père, un jeune maçon, ambitionnait le meilleur pour nous autres : il espérait nous voir tous gravir les échelons de la société, en commençant par l'excellence scolaire. Malheureusement, il lui fallut très vite s'exiler en France pour espérer obtenir de quoi nous faire vivre

[40] Ivembeni est une ville nouvelle au nord-est de la grande île des Comores. Ville rurale, tout près de l'ancienne base militaire française (bandasamlini). Zone agricole et fertile sur laquelle plane un fort sentiment national.

décemment[41]. Je me souviens de sa voix grésillant sur les petites cassettes audios qu'il nous envoyait, par courrier postal (ou par correspondance lorsque la possibilité de commissionner un compatriote rentrant au pays se présentait), à une époque où internet n'existait pas encore : il avait un tendre mot pour chacun d'entre nous, et se répandait en conseils inquiets pour que nous grandissions dans l'honneur et l'appétence. Nos oncles et nos tantes étaient tous partis en France, eux aussi, afin d'échapper au morne destin local, dans un environnement sinistré. Il n'était pas question de les juger, d'autant plus qu'ils envoyaient de précieuses devises pour nous aider à grandir dans les meilleures conditions possibles. La diaspora était en nous, quel que soit notre lieu de résidence sur le territoire : c'est elle qui nous extirpait de la misère, qui faisait pencher du bon côté le balancier de la vie et la survie. De son côté, ma grand-mère travaillait chaque jour aux champs. Elle bêchait, plantait, sarclait sans relâche, du matin jusqu'au soir. Au quartier, tout le monde l'appelait respectueusement *Mdzadze* (mère), elle s'occupait de nous comme personne. Je revois son corps noueux s'éloigner au loin, plié en deux sous le cagnard. Elle nous chargeait de chasser les oiseaux autour de sa ferme au « moment du riz », on revenait chargés à pleins bras de bananes, de patates douces et de manioc. Du bon maïs grillé nous attendait lorsqu'elle considérait que nous l'avions bien aidée. Les terres sombres des environs donnaient du fruit, à condition qu'on les travaille jusqu'à épuisement.

C'étaient les sévères conditions de la vie rurale, en cette fin de XXe siècle. Le pays saignait à flots depuis les premières années de l'indépendance, et nous grandissions au rythme des coups d'État successifs. Ma jeune conscience souffrait,

[41] Une fois arrivé en France, mon père s'est installé à La Courneuve, puis Paris, à La Réunion, de nouveau en métropole à Juvisy, puis à la frontière suisse : il a effectué toutes sortes de petits boulots (plonge, main d'œuvre, travaux publics…). Il est désormais fonctionnaire, agent technique territorial.

comme tant d'autres, du spectacle de la sinistrose ambiante. Notre nation semblait galvanisée par des vents populistes en permanence, et les conditions d'une démocratie stable s'effritaient aux premiers coups de conjoncture que rencontraient les gouvernements successifs. Avant de savoir lire et écrire, j'enrageais de ne pouvoir décrypter notre Constitution : la politique me fascinait déjà, n'y rien connaître me meurtrissait. Je savais seulement que le bien commun a la saveur du pain quotidien. Comme j'écoutais beaucoup les grandes personnes à la maison et les notables sur les places du village, des tas de théories grandioses ou fantaisistes – c'était selon – atteignaient mes oreilles. Il arrivait qu'une idée, un bon mot, retienne plus particulièrement mon attention. C'est ainsi qu'une certaine définition de la politique m'arrêta et m'enchanta :

« *La politique, c'est l'art d'arranger la vie des uns sans voler les autres, et la manière de réparer ce qui est cassé avec des idées simples mais pas légères.* »

Je ne saurais dire si ma restitution est identique à la lettre originale, mais, à mon souvenir, c'était bien ça. Une certaine idée du progrès qui passe par un esprit de solidarité pragmatique. Cette conception de la vie publique s'est gravée dans le marbre de ma conscience, vers l'âge où j'entrai à l'école. La maternelle n'existait pas à l'époque dans ma ville natale. Depuis l'âge de 3 ans, comme le reste des enfants comoriens, j'ai commencé d'abord par fréquenter l'école coranique avant d'intégrer l'école française à l'âge de 6 ans, directement en primaire. En parallèle à mes classes coraniques, ma mère m'a inscrit à l'école Juwa, où un merveilleux instituteur officiait. Je veux parler de Daniel Mohammed, un esprit droit et paternel, sans être paternaliste : pour lui, chacun d'entre nous était plus qu'un élève, un vrai disciple. Sa fierté passait par nous, par les valeurs civiques qu'il nous inculquait. Notons que notre emploi du temps n'était pas de tout repos. J'étais levé aux aurores, après quoi l'on m'envoyait à l'école coranique puis à l'école française, puis de nouveau à l'école coranique jusqu'à 15 heures. A 14 ans, j'ai validé les fondamentaux de l'école coranique, ce qui me permit de devenir assistant éducatif auprès des enfants de mon âge : une responsabilité altière qui, je le crois, influença mon goût du bien collectif... une classe, un groupe, ne peut atteindre l'excellence si l'un de ses membres est laissé sur le carreau. Aussi, il m'importait de représenter mes camarades en me faisant désigner délégué de classe. Chaque année, je briguais cette charge stratégique afin de peser face aux adultes. Sans être un leader né, je bénéficiais d'une certaine sociabilité naturelle qui attirait la confiance des autres garçons. C'est là, sur les estrades à côté du tableau noir, que j'ai fait mes premiers pas de stratège politique : il fallait souvent se battre à coups d'arguments pointus pour obtenir un peu de clémence de la part de nos maîtres. Défendre certains jeanfoutres pour éviter les punitions collectives, identifier les conflits et les petites injustices qui s'abattaient sur les uns ou les autres… Ce goût de la défense et de la plaidoirie s'est immiscé en moi. J'aurais pu ambitionner d'être avocat. Mais c'est la politique qui m'a paru la plus logique : se faire l'avocat d'un peuple plutôt que de clients accidentels.

À l'époque, nos cours avaient lieu à l'école Juwa un petit établissement situé dans un centre culturel de village, le foyer Amico Jazz[42]. Cette école fut pour moi un véritable temple. C'est là que mes maîtres m'ont éveillé au goût du savoir, et, comme on vient de le voir, c'est là que j'ai commencé à prendre mes premières responsabilités civiques en devenant délégué de classe. Mon goût pour les enjeux collectifs s'est par la suite affiné, et j'ai compris qu'il convient d'intégrer les sphères de décision pour faire éclore nos souhaits : ils

---

[42] Par la suite, les classes ont été déplacées chez un particulier, tout près du stade Mhori. À présent, l'édifice est indépendant, à l'entrée du village.

demeurent toujours inachevés sans une main sur un levier. J'ai surtout très vite constaté certains penchants pour l'inertie au sein de la société comorienne. Un sens de la fatalité qui pèse lourd et qui finit par obérer le changement. Une aiguille du temps qui semble tourner moins vite que sur les continents, et qui empâte les heures. Pour chaque requête, on m'opposait toujours la force des choses. Il fallait s'entêter pour obtenir le quart de la moitié de ce qu'on exigeait. Cette vocation précoce m'a beaucoup servi. De fait, on entre un peu dans la vie professionnelle le jour où l'on devient délégué de classe. Le sens des responsabilités ne s'invente pas : il faut se jeter dans la marmite. C'est seulement alors que l'on commence à découvrir son style personnel, ses qualités et ses handicaps en matière de négociation. Mon point fort, c'était l'abord doux et attentif que j'assumais auprès des camarades : une certaine qualité d'écoute, et un refus net du chahut. On m'accordait en retour une certaine confiance, et j'en tirais la légitimité nécessaire pour convaincre les professeurs. L'art de convaincre m'est venu sur le tas : quand un argument ne porte pas, aborder le problème sous un autre angle, jusqu'à trouver l'entrée adéquate. Ne jamais lever le ton, maintenir l'interlocuteur dans un climat de discussion cordial. À la longue vous gagnez, et si vous n'obtenez pas tout, vous arrachez du moins le nécessaire.

Nous avons tous nos charismes personnels, c'est une faute grave de ne pas les faire fructifier. Je pense ici à la satire du scribe ivrogne, dans l'ancienne Égypte, vers 1200 avant notre ère : déjà, on réprimandait le notable qui gâche son talent et qui souille sa charge en titubant dans les rues auprès des filles légères (Papyrus Anastasi IV). Pour ma part, il était hors de question que je laisse en jachère les qualités qu'Allah m'avait octroyées. J'ai aussi vite appris la discipline de l'éloquence. Non pas celle de Quintilien ou des Romains antiques, mais plutôt celle du bon négociant, du partenaire commercial à qui l'on cède les bons produits. Je m'exprimais naturellement, avec fluidité, ce qui engageait souvent l'interlocuteur en ma faveur. Je n'étais pas le plus doué, certes, mais je mettais toujours mon cœur dans la balance. Dès lors, beaucoup de nos professeurs me considéraient en ami. Nous déjeunions ensemble, on discutait dans les couloirs… La compagnie intelligente des grandes personnes m'a ouvert au sens des responsabilités précocement.

Qu'en était-il de mes résultats scolaires ? Appliqué, sans être un fort en thème, je caracolais souvent en tête de classe. J'avais un tempérament aussi littéraire que scientifique[43], et me régalais d'œuvres inspirantes pour voyager en pensée. De mes lectures, je retiens notamment L'aventure ambiguë, de Cheikh Amidou Khan, ou encore Les sept vies de l'islam, d'Ibn Khaldun[44].

Dès la classe de seconde, nous avons découvert la matière philosophique, la puissance des paradoxes et les manières de débusquer la contradiction du raisonnement. Ce fut une révélation. La liberté d'expression trouve pleinement sa mesure dans cette discipline aux origines immémoriales. Mais attention, derrière le philosophe se cache parfois le sophiste, le manipulateur des mots et des idées, qui obtient l'assentiment aux dépens de la vérité. C'est d'ailleurs là que réside, peut-être, la mission de l'Afrique en matière de philosophie : protéger les droits de la vérité contre les vertiges spéculatifs de l'Europe et du reste du monde. Toujours est-il que lorsque je découvris les miracles que pouvait produire cette matière

---

[43] Par la suite, mon tempérament littéraire a pris le dessus, mais j'ai tout de même obtenu un bac scientifique.

[44] Nous n'avions malheureusement pas beaucoup de livres à disposition, c'est pourquoi nous ambitionnons de proposer un plan « d'approvisionnement littéraire » pour chaque école aux Comores, dès les prochaines années : un plan de recyclage des dizaines de milliers de livres qui encombrent les greniers et les étals des brocantes en France. Avec un bon partenariat et une logistique solide, nous pourrions approvisionner toutes nos écoles en moins d'une décennie.

sur les idées, je fus conquis pour toujours. Nietzsche, Aristote et Platon m'ont beaucoup marqué.

Mais au-delà de ces grands noms, une personne m'impressionnait plus que quiconque : monsieur Mohamed Maamoune, notre directeur d'école. Juriste islamique de formation, journaliste à l'ORTC, il nous impressionnait toujours pour son sens inimitable de la repartie. Certains le craignaient pour ses bons mots, il mettait toujours les rieurs de son côté. Mais au-delà de ses talents de débatteur, c'était un homme de grande valeur qui devint par la suite Président du conseil d'administration de l'institution financière. Aussi venait-il ponctuellement à l'école, rendre visite à ses chers élèves, et s'assurer du bon fonctionnement des classes.

Aujourd'hui encore, à chaque fois que je reviens au pays, il me convoque afin de discuter de mes projets[45], et pour me faire rencontrer les élèves. L'école Juwa a permis de faire grandir la réputation de notre village. Nous devons protéger et accroître ce capital pour les générations à venir.

Mais revenons à mes années scolaires… Studieux, sans être un « rat de bibliothèque », j'avais l'ambition de m'élever socialement pour devenir un notable, et par suite influer sur l'avenir de mon pays. Il m'a donc fallu me discipliner très tôt, et m'imposer un rythme de travail stakanoviste. Qu'on en juge ! En parallèle à mes cours au sein de l'école Juwa, j'ai fréquenté quotidiennement l'école coranique jusqu'à l'âge de 16 ans. Il était nécessaire de se lever à 5h du matin chaque jour de la semaine pour foncer à la mosquée avant de se rendre dans la foulée à l'école coranique, quelques mètres plus loin ; ensuite, sans perdre haleine, je prenais le chemin de l'école française pour retourner ensuite à l'école coranique dans

---

[45] Ainsi, je cherche actuellement à ouvrir un centre informatique au sein de l'école Juwa. Une entreprise qui permettra aux jeunes élèves de se former au langage numérique pour bien s'intégrer à l'économie mondiale.

l'après-midi. Notons que les punitions réservées aux déserteurs de l'école coranique ne laissaient aucune place à l'absentéisme. J'y ai acquis les fondamentaux de plusieurs disciplines traditionnelles avant de devenir assistant éducatif de mon maître fundi M'madi Abdou, enseignant de haute valeur auquel je ne rendrai jamais assez hommage. Il était un maître exceptionnel qui a marqué plusieurs générations y compris ma mère grâce à son amour de la transmission et sa sagesse notamment dans les disciplines du Tajwid et du fikh. La pédagogie de l'école coranique et avant tout basée sur la mémorisation, surtout en phase d'apprentissage des fondamentaux. La compréhension de la langue d'apprentissage, l'arabe, n'occupe malheureusement pas une grande place. C'est la raison pour laquelle plusieurs Comoriens savent lire et écrire l'arabe sans le parler. J'ai goûté ce rythme scolaire effréné jusqu'à mes 17 ans, date à laquelle j'ai souhaité partir seul à Moroni, pour accomplir ma terminale. Avouons que cet exode a tourné court, puisqu'au bout du premier mois, je suis rentré au village. C'est là, dans la paix, que j'ai préparé mon entrée dans la vie adulte. Il m'a fallu faire quelques sacrifices, comme par exemple renoncer au football de quartier. Il était hors de question d'échouer au bac scientifique que je briguais : mon père s'était saigné pour que mes frères et moi-même puissions fréquenter le lycée. Notre mission, nous le savions, passait par une intégrité totale, inculquée depuis l'enfance. Dans ces conditions, les jeux étaient faits. J'ai obtenu mon bac scientifique en 2007, au centre des examens de notre secteur : Ntsaoueni.[46] Ce fut une grande fierté.

Cette réussite semblait confirmer la haute réputation de ma famille au village : il faut dire que ma mère est issue d'une

[46] La ville du grand Mtswamwindza, qui a appris l'islam au cours d'un voyage en Arabie, au VIIe siècle. Mon grand-père Hachim Cheikh venait lui aussi de cette ville au fort passé religieux (le fils du troisième calife y est enterré) ; c'est lui qui nous a tenu la main lorsque nous avons été en âge d'aller à l'école coranique.

illustre lignée sur le plan religieux. Certains de mes aïeux étaient des paroliers, des notables réputés pour leur intégrité. Mon échec aurait signifié un véritable affront à la réputation des miens. Leur souvenir était vivace et empreint d'un halo de respect religieux partout dans le quartier. De fait, l'un de mes arrière-grands-pères, Abdou Salam, était un savant musulman qui a profondément marqué le village ; son frère aussi, qui était imam[47]. Dès lors, on attendait de moi le maximum. Ai-je vécu cela comme une pression ? Non, pas à mon souvenir. Quand j'étais enfant, certes, il était difficile de répondre à toutes les attentes, mais ensuite j'en ai pris mon parti. J'ai eu la chance, très tôt, de me voir confier des responsabilités. C'était comme si elles venaient à moi.

Ma conception de l'islam est simple et ouverte : ne jamais forcer l'adhésion de quiconque, accepter la critique, dans la mesure où l'interlocuteur est lui-même accessible au contre-argument. La majorité de nos problèmes, en cette matière, vient de ces croyants qui exigent un droit absolu à la critique des religions qui ne sont pas les leurs, tout en réclamant en retour un silence contrit. Je me suis toujours refusé aux apologies faciles, la foi étant avant tout une affaire entre soi et le Créateur. Nous avons la chance, aux Comores, de vivre un islam particulièrement tolérant : une religion d'accueil et de partage qui dépasse les valeurs humanistes communes. Ce trésor, tout le monde arabe nous l'envie, bien que notre pauvreté finisse par décourager les curieux. Cette situation évoluera dans les prochaines années, je suis de ceux qui préparent les alternatives nécessaires.

---

[47] Leur discipline était le fikh, à savoir le droit musulman.

Départ pour la France

« *En France tout revers a sa médaille* »

André Frossard, *Les pensées*

Une fois mon bac en poche, j'ai pu obtenir l'assentiment de mon entourage pour mes choix d'avenir. Ma volonté était de placer mes pas dans ceux de mon père en partant pour la France, mais avec une ambition nouvelle : celle de subvenir aux besoins de mon peuple – et non plus simplement de ma famille. On sourira sans doute de l'énormité du souhait, mais qui n'a pas de rêves lyriques avant ses 20 ans ? Au terme d'une double scolarité (traditionnelle islamique et moderne) aux allures de marathon impitoyable, je souhaitais élargir mes perspectives et mettre au profit des miens mon avenir de jeune adulte. Par quel bout s'y prendre ? Vers quel secteur m'orienter ? Très vite, ces simples questions ont commencé à me tourmenter, sans que je puisse clairement trancher. J'ai alors demandé conseil aux anciens, et ceux-ci m'ont suggéré de me recentrer tranquillement sur moi-même : ma vocation poindrait le jour où ma conscience serait en paix. Suivant ce sage décret, je suis parti me chercher, hors de toute temporalité. Je suis allé plonger mon regard dans l'émeraude du lac Niamawi, ce monument liquide salé comme la mer Morte, au nord de la Grande Comore.

J'ai longuement causé avec les indigents des faubourgs d'Ivembeni, j'ai cheminé sur les sentiers de Maouéni, contemplé l'océan de verdure qui cerne l'horizon… La confusion de mes idées s'est lentement dissipée, et l'évidence est apparue. Soulagé d'avoir évité le ravissement niais qui guette les idéalistes en de tels moments, je suis sorti ragaillardi de cette expérience. Dorénavant, les choses étaient claires : j'allais me plonger dans les méandres du prolétariat besogneux, afin de bien intégrer la « vie réelle », et par là même de me durcir un peu le cuir. J'ai quitté ma famille et mon village avec un serrement au cœur, puis je me suis envolé vers la France. Je savais bien que j'allais souffrir, j'aurais au fond de moi voulu rester au pays, ne pas m'exiler, mais je refusais de me laisser aller sur la pente de la sentimentalité. Dans le même temps, je me sentais plein de sève, et capable de soulever des montagnes.

Du haut de mes 20 ans, en bon Rastignac, je voulais tout avaler, tout conquérir. Les difficultés de la vie quotidienne m'ont vite dégrisé, et je me suis retrouvé plongé dans une précarité que je n'imaginais pas si forte dans un pays tel que la France. Mon père m'avait pourtant prévenu, comme certains notables du village : à l'occasion des palabres, on se dit tout. Les commérages fusent, mêlés pêle-mêle aux infos géopolitiques les plus fines. C'est tout un monde que le système féodal aux Comores… J'avais été prévenu, soit, mais mon aplomb m'avait rendu sceptique. Je m'imaginais les Français comme des nababs endimanchés, dandinant entre Deauville et les boulevards de Passy… Au lieu de quoi je me retrouvais à slalomer entre clochards et crackeux à la porte de Pantin, sur les quais du métro. J'ai découvert à Paris une misère différente de celle qui existe aux Comores : des attitudes et des comportements plus agressifs et largement plus délictuels que dans nos plus bas quartiers de Moroni. Je n'étais pas préparé à découvrir un tel tableau, plus triste à certains égards que les descriptions hugoliennes du bas peuple, au XIXe siècle ! Toute cette misère, cette atmosphère de haine, d'injures et d'agressivité rampantes, je l'ai perçue comme une conséquence posthume des aberrations du vieux système colonial français : comme si les germes d'une destruction terrible avaient été contractés au temps des choix impérialistes. À certaines heures tardives, dans le métro parisien, vous vous sentez projeté au milieu d'une chorégraphie *Thriller* de

Michael Jackson… J'avais beau réfléchir, retourner le problème sous tous les angles : plus Marianne s'employait à colmater les brèches du corps social à grands coups d'argent public et de subventions, plus le cancer s'étendait sous sa jolie peau rose. Aux Comores, la situation de Mayotte prolongeait parfaitement l'observation. De ces tristes constats, j'ai eu le sentiment d'une urgence nouvelle pour mon pays : l'urgence d'une politique saine, stable et conforme à la physionomie du peuple. Mais pour l'heure, il fallait partir « au charbon ».

J'ai commencé à travailler dans une supérette G20 du XVIIe arrondissement. J'étais directeur adjoint du magasin : gestion des stocks, des caisses, des humeurs, mise en rayons, encaissement… Rien de tel pour acquérir le sens des réalités profondes du milieu populaire. Vous discutez avec la clientèle, vous écoutez ses problèmes, ses obsessions, ses frustrations. Ça vous rend philosophe ; passé deux mois, vous seriez apte à côtoyer Socrate du matin jusqu'au soir. Vraiment, on en apprend des choses à vendre du white spirit et des tisanes à la ménagère qui pointe au SMIC. Vous comprenez vite que le pékin lambda n'est pas plus méchant ni sournois ici qu'ailleurs, qu'il souffre autant d'indifférence et de déclassement ici qu'ailleurs. Paradoxalement, la fréquentation de tous ces « Français moyens » m'a ouvert les yeux sur bien des aspects de mon propre peuple. Il existe une sorte de résignation discrète dans les yeux des gens, un vague à l'âme, une usure qui les rend incapables des changements dont ils rêvent : quelque chose qui tient à l'époque, sans doute, au rythme effréné du quotidien, au choc de la mondialisation et du déracinement des cultures… Passé 20 ans, les gens n'ont plus la sève, plus l'énergie.

Ils se barricadent dans leur carrière et leur famille, ferment une à une toutes les écoutilles qui les relient au monde public, à l'agora collective. Les rêves matériels que propose l'Occident se déversent comme une glue jusqu'à chez nous : il s'agit de machines à frustrer les individus, qui finissent malheureux de ne pas pouvoir atteindre la plastique ou le style de vie suggéré sur les images. Résultat : les jeunes tombent très vite dans le cynisme, les maladies psychiques comme l'acédie et la schizophrénie. Du fond de mon G20, j'ai pu observer bien des comportements étranges, des situations pénibles : les jeunes n'ont plus de sève, les filles s'injectent de l'acide hyaluronique dans les lèvres et font des « Duck faces » sur leurs smartphones… L'enthousiasme est une valeur en voie de disparition, remplacée par l'excitation, le tapage juvénile. J'ai pu noter l'immense malaise qui étreint cette jeunesse française, perdue au milieu de chez elle comme si elle nageait au fin fond d'une galaxie inconnue. Ce spectacle m'a fait peur. Il m'a conduit à m'interroger sur ce que nous souhaitons, nous autres Comoriens, faire de notre jeunesse en ce temps de grands chamboulements technologiques. Quelle voie, quel sillon tracer pour éviter aux nôtres de se perdre sur les sentiers de la consommation maladive ? Comment faire de nos enfants des hommes et des femmes éclairées ?

L'être humain de la modernité perd une à une ses vertèbres et vire au mollusque. Bientôt, les guerres ne se feront plus que par drones interposés, guidés par des geeks obèses, racistes et obsédés. L'avenir internétique est au clivage permanent. Le livre ne sera bientôt plus qu'un artefact antique à l'abord repoussant, et l'analphabétisme rongera l'Occident jusqu'à la cime de ses élites. Déjà, nous assistons au prélude de telles horreurs… le 8 avril 2014 dans un message Twitter de moins de 15 mots, le comte de la ministre de la Culture Aurélie Filippetti totalise six fautes de français :

« *Soutien total à Frederic Haziza dont les attaques ont des relents abjects d'avant-guerre* » (sic)

Cette réalité ne devrait réjouir personne, et voir le grand pays qu'est la France sombrer dans une telle récession est un choc. Heureusement, je découvrais des quantités de merveilles en parallèle :

- Enfin un pays qui soigne sa population sans conditions de ressources et avec les meilleures technologies mondiales (aux Comores, les malades graves se retrouvent généralement pris en charge par le système hospitalier de l'île de la Réunion, du moins s'ils le peuvent[48]. Autrement ils meurent.).

- Enfin un pays dont l'appareil social permet de redistribuer une part importante de la richesse collective au profit des classes nécessiteuses (aux Comores, le peu de redistribution des subsides passe par le système féodal et les tontines, l'État brillant pas son incapacité complète à secourir les masses citoyennes).

-Enfin un pays qui subventionne les collectivités locales, qui finance la culture et les universités pour que les jeunes générations puissent se former à des métiers d'avenir et accéder à des niveaux de vie décents (aux Comores, la gestion d'un budget public équivaut à l'envoi d'une sonde sur Saturne : on lance l'idée chaque matin, et elle aboutira dans un scénario de science-fiction sur la pile d'un producteur de séries B).

Suite à une opportunité, j'ai démissionné du magasin G20 pour intégrer une franchise Franprix, en tant qu'adjoint. Lorsque le commerce a fermé, j'ai intégré une nouvelle enseigne spécialisée dans le « bio ». Il ne s'agissait pas d'un choix : le propriétaire du magasin avait vendu les murs et le personnel avec... Cette bifurcation soudaine dans ma jeune carrière n'a pas été sans conséquences : très vite, j'ai saisi un lien potentiel entre l'univers du « bio » et l'économie solidaire à laquelle

---

48 Le système sanitaire national des Comores et la qualité des soins ne sont pas rassurants. L'hôpital public est en état de faillite. La majorité des citoyens préfèrent faire leurs consultations dans les cliniques privées, ou mieux, se faire soigner à l'étranger. La diaspora est alors sollicitée pour organiser le transfert.

j'aspirais pour mon peuple. Mes intentions d'engagement dans le secteur associatif se sont précisées. Je me suis dit que je devais commencer au plus vite à intégrer le système associatif comorien pour œuvrer. Espérer l'idée de génie qui résoudra tous les problèmes du pays en un claquement de doigts, c'est une tentation très présente dans l'esprit des idéalistes. Moi comme d'autres, j'y ai succombé quelque temps… avant de comprendre que la vie ne fonctionne pas ainsi. Il faut se jeter tout net dans la bataille avec les armes que l'on a, ici et maintenant. Quand j'avais obtenu mon bac, mon intuition première avait été la bonne : partir me frotter aux réalités du monde pour revenir dans mon pays en homme fait, avec la sagesse et le recul nécessaires. Ici en France, j'étais jeune père de famille, et j'avais fait venir ma femme et mon fils en 2011, dès que j'avais pu les accueillir. Je cumulais vie de père, d'époux d'employé et d'étudiant, le tout au cours de la même journée. Le rythme était infernal : après le travail, je me rendais aux cours du soir pour obtenir des formations professionnelles et techniques, puis j'ai pu obtenir un master 2 d'économie sociale et solidaire[49].

Sur la brèche de 6 h à 22 h, sans vacances, sans répit, je me demandais parfois si mon organisme allait tenir. Heureusement, la nature m'a doté d'une forte résistance au sommeil et de grosses capacités de concentration en toutes circonstances. J'ai ainsi pu réaliser mes premiers projets en un temps record. Je suis devenu le secrétaire de mon association de village, l'ACEJI[50], que nous avions créé dès 2007 quelques mois après mon arrivée en France. Grâce à cette fonction bénévole, j'ai pu rencontrer des élus, et obtenir des fonds pour divers projets à connotation sociale. Je résidais alors à La Courneuve, et je me retrouvais au pays de temps à autre dans le cadre de ces

[49] J'ai initialement été diplômé en sociologie.
[50] Association culturelle et éducative des jeunes d'Ivembeni.

projets : c'est ainsi, par exemple, que nous avons pu accompagner et mener à son terme la construction du centre médical de notre village. Le regard lumineux des bénéficiaires de ce nouveau centre de soins m'a empli d'allégresse. En quelques instants, j'ai compris l'évidence de ma vocation, alors que la question s'était parfois posée de me concentrer sur ma vie de famille en France. Là, devant ces hommes et ces femmes meurtries qui souriaient enfin, j'ai compris qu'il ne serait jamais question de faire demi-tour. Je suis rentré en France transfiguré, et ma famille s'est gentiment moquée de moi les premiers jours de mon retour.

La vocation politique, mon cas personnel

« *Un penseur n'a pas le droit de se contredire plus que la vie* »

Cioran, *Le crépuscule des pensées*

En 2015, j'ai intégré la fonction publique territoriale. Ce fut une grande étape de ma jeune carrière. J'accédais à des responsabilités nouvelles, plus complexes qu'auparavant. Mon enracinement en France se précisait, mais mon peuple me manquait plus que jamais. La conscience de mes responsabilités s'est accrue, et mon travail associatif a décuplé en faveur des Comores. L'engagement politique m'est alors apparu comme la prochaine étape à franchir. Une sérieuse étape, qui méritait de bien savoir où, comment et au côté de qui j'allais m'engager. Plus largement, j'observais d'un cœur anxieux les démissions successives de l'État comorien sur le chantier du développement local. Un véritable marécage, au milieu duquel nos élites semblaient jouer à la marelle… La vie dans les carrefours d'Ivembeni, à Mutsamudu ou Fomboni est loin d'être à la hauteur des droits de notre population, d'autant plus que la mondialisation a, depuis 20 ans, fortement rehaussé le niveau de vie dans nombre des pays de l'arc afro-asiatique ; pourquoi les Comores ne profiteraient pas de cet effet de rééquilibrage sur l'ancienne hégémonie des pays occidentaux ? Pourquoi le pouvoir central ne parvient pas à faire entrer le pays dans la modernité ? De fait, sans le pouvoir féodal traditionnel et la diaspora, les populations seraient livrées à une précarité extrême. Sans le système du mila-nantsi et le secours des notables locaux à l'action imprécise de l'État, aucun projet local ne serait entrepris… Le revers de la médaille étant une dépendance tacite des citoyens au bon-vouloir de ces seigneurs locaux, ou, dit autrement, des « bienfaiteurs intéressés ».

De par mon activité au sein de l'ACEJI, au travers de mes échanges avec les décideurs et les acteurs transnationaux, je percevais de plus en plus finement les failles de la gouvernance comorienne. J'ai commencé à rédiger des notes de synthèse, des propositions économiques, des schémas de réformes en faveur des collectivités rurales. Comment faire peser mon diagnostic auprès des décideurs locaux ? Là était la question. Ma formation me prédisposait à proposer un nouveau type d'économie solidaire aux sphères gouvernementales, basé sur des idées pragmatiques tenant compte des réalités du terrain et surtout des mentalités, à l'opposé des recettes parachutées d'Occident à forte connotation théorique. À ce propos, j'avais en tête le vieil avertissement de Tchekhov :

« *L'université développe tous les dons de l'homme, entre autres la bêtise.* »[51]

J'en tirais une attention décuplée pour tout ce qui relève du travail de terrain, et je mettais les choses en pratique en rentrant régulièrement au pays. À chaque fois, j'en apprenais davantage sur la nature de nos manques.

Premier constat : le pouvoir central s'occupe de Moroni, mais n'irrigue pas suffisamment le reste du territoire. La géographie liquide et forestière morcelle les Comores depuis des siècles, sans que cet obstacle au développement n'ait jusqu'alors été surmonté. Il en découle des particularismes qui peuvent interférer avec l'effort de cohésion national, et un esprit de compétition primaire entre les différentes localités : concrètement, si un stade moderne est sorti de terre à Wanani, les notables de Nrondoni entrent en syncope et exigent un

---

[51] Anton Tchekhov, Calepin.

stade plus grand, quand bien même ils auraient besoin d'un dispensaire ou d'une école. Ce n'est donc pas l'instinct de complémentarité qui règne dans nos villages, mais plutôt celui du mimétisme cumulatif. L'Etat n'étant pas suffisamment présent dans chaque commune, les autorités locales prennent non pas son relai mais plutôt son rôle pastiché, et s'y substituent de façon nébuleuse... Rarement pour le meilleur, quelquefois pour le pire, généralement pour le médiocre.

Par ailleurs, une foule de barrières psychologiques empêchent nos villageois d'opter pour des solutions pratiques au quotidien : il en résulte des pertes de temps abyssales et la rentabilité économique de toute activité frise le néant. J'en veux pour preuve une petite anecdote qui me marqua beaucoup au cours de ma jeunesse : dans un village d'un certain pays africain, la population s'était vue offrir – miraculeusement – tout un système d'adduction d'eau avec des tuyaux dernier cri, qui libérait enfin les femmes de la corvée des longues marches vers le puits. Deux jours après la mise en fonction de la splendide machinerie, on constata que le système était détruit. Que s'était-il passé ? Les ménagères avaient tout simplement refusé d'abandonner leurs pénibles migrations quotidiennes du village au puits et du puits au village, car celles-ci leur permettaient de bavarder à souhait, et de se raconter les derniers ragots…

Que retenir d'un tel événement ? Avant tout que la rhétorique de la modernisation n'est pas probante si elle coupe les populations de leurs traditions. De nombreux intérêts ruraux divergent des plans des ingénieurs, ce que ces derniers n'arrivent généralement pas à concevoir dans leur esprit : l'archaïsme est aussi là, du côté d'un certain génie technicien qui n'est pas alimenté par les leçons du réel. Puisque la sociabilité est intimement imbriquée au travail quotidien, parachuter des innovations purement technicistes sur du vivant épidermique revient à jeter du sel sur une plaie large et ouverte. Mais une proportion sérieuse des ratés du développement résulte de ce phénomène : la résistance bornée des traditions multiséculaires aux innovations d'évidence, le refus de négocier avec elles, et, plus largement, la peur-réflexe devant l'inconnu. En d'autres termes, la négation ruineuse de la première vérité du monde : la nécessité de s'adapter pour survivre. Il faut entrer dans la profondeur psychologique des masses rurales des Comores pour trouver le premier frein à l'amélioration des conditions de vie. En vérité, ce réflexe protecteur n'a rien d'original en soi, puisqu'il correspond trait pour trait à celui qu'on observait dans la Bretagne intérieure jusqu'à la première moitié du XXe siècle, et plus largement dans toutes les zones rurales enclavées d'Europe. Qu'en conclure ? Peut-être ce nouvel adage :

« Le développement des Comores naîtra le jour où les jeunes de Séoul et de Buenos Aires réclameront du goudou-goudou »[52]

En d'autres termes, c'est en prenant le risque d'exporter nos traditions au-delà des mers et de nos diasporas que nous les sauverons : la modernité, seulement alors, progressera sur nos territoires en retour. L'incapacité à décentrer nos particularismes, à les rénover hors de leur climat d'origine, empêche en retour l'importation des richesses. Bien entendu, il n'est pas ici question d'exportations matérielles, de denrées comme la vanille ou les clous de girofle, mais plutôt de propager un soft power, d'inscrire le sigle comorien dans les consciences lointaines au-delà des mers et de la diaspora. C'est seulement alors que nous intégrerons vraiment la marche du monde globalisé, et qu'une part des bénéfices des interactions mondiales reviendra à nos îles pour les enrichir.

J'entends déjà les cris d'orfraie des prudents, de ceux qui pointeront la menace dissolvante, le risque de perte d'identité.

---

[52] Dessert comorien délicieux.

C'est précisément là que nous devons franchir le Rubicon sans sombrer dans le courant : c'est en affrontant ce risque de la mondialisation que nous ferons des Comores une nation renouvelée, prospère et démocratique, ou une bordure de cocotiers sans âme pour touristes occidentaux. Le progrès processuel n'interviendra qu'au prix d'une telle audace : si la plongée dans le jeu complexe de la mondialisation est manquée, le risque est bien réel pour les Comores de perdre une part de leur identité. En revanche, il ne s'agit pas d'un coup de dés : si les tranches de négociations sont bien menées dans la décennie à venir avec les instances internationales pour ouvrir le pays à la prospérité mondiale, alors les Comores s'enrichiront comme jamais, et tous les programmes citoyens que nous chérissons pourront être honorés. L'alternative est bien là. Voici ma conviction politique, celle que j'ai fini par acquérir au gré de mes tribulations entre Ivembeni et la France. Comment devenir une nation moderne tout en préservant l'essence de nos traditions ? Des pays comme le Japon, la Finlande ou le Portugal sont parvenus à répondre à ce défi compliqué, tandis que d'autres, des dizaines d'autres, ont manqué le virage et ont subi les ravages d'une mondialisation dénaturante (Mexique, République dominicaine, etc.). Tout laisse à penser que les Comores, effrayées, restent au bord du gué, hésitantes. Cette situation ne saurait s'éterniser sans dommages.

Pétri de ces réflexions, je me suis progressivement rapproché de la chose politique. Comme chacun sait, les Comoriens de la diaspora apprécient débattre et réfléchir collectivement sur le sort à venir de leur pays. L'exil, la nostalgie de la terre maternelle les rendent souvent tourmentés quant au sort des Comores. Aussi perçoivent-ils de l'étranger certaines réalités qui demeurent floues pour les habitants de Moroni, de Mkazi ou de Koni Djodjo. Leur angle de vue est plus large, bien que décentré. C'est la raison pour laquelle j'ai vite compris l'aberration de la loi interdisant aux Comoriens de l'étranger de se présenter aux élections présidentielles. Cette loi récente, liberticide et contradictoire, indigénise le Comorien et l'enserre dans un système d'interactions casanières. Elle relève du populisme et de la démagogie. Surtout, elle infantilise les électeurs en restreignant leur choix politique. Ainsi, la diaspora est tenue de bien vouloir pallier les carences budgétaires de l'État tout en restant silencieuse, le plus possible. Un tel mépris se paiera cher, et déjà de nombreux Comoriens de la diaspora se détournent de leurs racines en raison des suspicions flottantes qu'ils perçoivent lorsqu'ils sont au pays.

Étapes du renouveau politique

« *Notre avenir dépend non de la science politique mais d'une politique de la science* »

Marc Gendron, *Louise ou la nouvelle Julie*

Nous avons vu plus haut que mes convictions politiques se sont forgées progressivement, au gré de mes échanges dans le milieu associatif des Comoriens de France, et lors de mes retours au pays, auprès des notables d'Ivembeni. Surtout, ce sont les échanges informels avec le peuple des faubourgs qui m'a convaincu d'une certaine usure. Je veux parler de l'usure de l'idée sociale dans le champ épistémologique, et du renouveau de paradigme qu'elle exige. Au village, les gens ne cultivent plus. Ils attendent plutôt que la diaspora leur envoie de l'argent depuis la France. À Ivembeni, j'ai remarqué que souvent les gens viennent au centre-ville et ne font rien. Il existe un laisser-aller fataliste qui est néfaste pour la collectivité[53]. Alerté par ce constat, mon engagement associatif s'est intensifié, et j'ai décidé de franchir un nouveau pas :

En 2017, je me suis engagé directement dans la politique comorienne. J'ai travaillé dans l'équipe du candidat Salim Saadi, promu son second lors du scrutin de 2019. Je me suis ensuite investi dans la bataille des élections législatives. C'était un retour à la réalité brute, une vraie découverte du système depuis sa structure intérieure. J'étais le community manager et chargé des affaires politiques et sociales du parti Al Qamar. Au vu des équilibres politiques, nous savions

[53] De même, depuis quelque temps, j'ai constaté l'émergence d'un certain « jemenfoutisme » dans les tontines de la diaspora en France. Ce phénomène latent mériterait quelques enquêtes afin que nous puissions y apporter remède au plus vite.

pertinemment que nous n'accéderions pas à la victoire, mais l'idée était d'effectuer une valeureuse percée, et ainsi faire connaître nos idées auprès de nos concitoyens. Plus largement, l'idée était aussi de montrer que de jeunes entrepreneurs patriotes constituent la relève de demain, et une alternative possible au vieux système sclérosé de la politique paternaliste. La politique de papa, nous n'en voulons plus ; la démocratie des bottes, nous la rejetons ; le dialogue-masse, qui chute du haut vers le bas, nous le vomissons. Le programme qui était le nôtre, c'était celui d'un souffle nouveau, plus respectueux des nuances et favorisant les idées sociales en faveur de la base.

Pendant la campagne, j'ai pu observer la frénésie de certains meetings de l'opposition, les fureurs électriques que peuvent allumer certains mots sur des foules entières. Un véritable phénomène d'hypnose et d'emprise sur les masses, que certains candidats utilisaient sans scrupule. J'ai vite pu observer l'addiction que génère le verbe haut de celui qui sait manier les phrases, mais aussi la démagogie, le calcul, les profits qui se négocient dans la coulisse, sur un coin de table... Moi et mon équipe, nous avons refusé de tremper dans de tels procédés, convaincus que la moralité est le premier devoir d'un candidat. Cette conviction, beaucoup de nos adversaires ne la partageaient pas. L'incorruptibilité est un luxe aux Comores, nous disait-on. Eh bien je suis parti de là : ce luxe est le seul qui soit à la portée de tout Comorien. L'incorruptibilité est la pierre angulaire sur laquelle nous pouvons fonder une politique crédible aux Comores, car elle ne coûte rien, sinon de l'huile de coude et beaucoup, beaucoup de sang-froid.

Moralité, incorruptibilité : c'est sur ces deux piliers que j'allais fonder ma doctrine politique. Suivaient alors, naturellement, deux autres valeurs : cohérence, réalisme. Enfin : solidarité. Comment articuler toutes ces notions ? Comment en faire une doctrine efficiente, capable de se démarquer des anciens vœux révolutionnaires avortés, ou de l'idéalisme socialisant ? Je voyais bien que la tentation du collectivisme est un danger dont la Chine nous a dégrisés depuis Mao. Je voyais bien qu'il ne suffit pas d'avoir l'instinct généreux et le souci des masses chevillé au corps pour réussir une politique. Il fallait davantage, et ce davantage, il me fallait l'acquérir avec du temps. Beaucoup de temps. Suite à mon expérience auprès du camp al Qamar, j'ai choisi de prendre du recul pour ajuster mes formules et les proposer, le jour venu, au peuple des Comores.

Ma vie professionnelle en France a renforcé ma conscience des enjeux du travail, elle m'a plongé au cœur des machineries complexes que sont l'entreprise et l'administration. Il est évident que la vocation politique nécessite en amont de connaître finement les rouages internes à l'entreprise : sans cette expérience quotidienne prolongée de nombreuses années, l'homme politique manquera de nez, il sera « hors sol », et ses prises de décision seront davantage influencées par l'idéologie. En d'autres termes, une longue expérience professionnelle à l'étranger permet au candidat politique d'embrasser une vue plus large de la destinée de son pays, et surtout de connecter les rêves des électeurs avec les réalités du terrain international. En parallèle à mon emploi quotidien, j'ai travaillé quatre ans comme consultant dans le « recruiting sourcing » (placement d'ingénieurs et de techniciens informatiques). Cette expérience m'a ouvert les yeux sur la volatilité du marché du travail, et l'importance capitale des compétences informatiques pour les opérateurs de demain. J'ai aussi exercé comme éducateur spécialisé et intervenant social, puis en tant que formateur référent de filières infra bac et déploiement de l'emprise territoriale, du côté de Bourg-la-Reine au sein d'un organisme de formation, dans un Institut Supérieur Technique en Travail Social en Île-de-France. Sur le plan bénévole, j'ai eu l'honneur d'accéder à la vice-présidence du Fonds du

Développement des Comores (FDC), poste que j'occupe encore à ce jour.

Toutes ces missions m'ont permis de m'ancrer profondément dans la société civile, de comprendre les problématiques complexes du monde du travail au XXIe siècle. Cette étape de maturation professionnelle m'a surtout permis de préciser les contours de ma vision politique.

Conclusion

Le diagnostic que nous avons esquissé au fil de ces pages est sévère. Malgré toutes ses blessures, ses larmes et ses gangrènes, la terre des Comores n'a pas la vocation du malheur. Oui, l'indifférence tente notre jeunesse et le cynisme nos aînés. Mais combien de fois nos îles ont fendu les chaînes de la déréliction ? Combien de fois nous a-t-on déclarés morts, à la remorque des nations ? Combien de fois nous sommes-nous relevés des ténèbres, de cet abîme où l'Histoire nous avait relégués ? Sommes-nous donc des morts-vivants ? Une nation fantomatique au fanion invisible ? Non, à l'évidence. La clé de notre avenir réside dans notre courage face à la vérité nue.

Le développement d'un pays ne répond pas aux sommations de l'impatience. Ses conditions ne se limitent pas à l'application de recettes libérales, de principes solidaires ou d'engagements productivistes. Aussi, chaque nation possède un accès propre et induplicable vers la prospérité, relatif aux spécificités de sa culture et de son histoire. Il en retourne qu'il n'existe pas de développement réel sans une attention collective au précepte socratique :

« *Connais-toi toi-même* »

Le développement des Comores est donc conditionné, en premier lieu, à un regard critique sans concessions sur les déficiences politico-économiques du système actuel. Il conviendra de cerner une à une ses lacunes structurelles, et d'y porter remède dans le cadre d'un appareil démocratique renouvelé. Au fil des pages qui précèdent, nous avons pu énumérer, analyser, décortiquer les crises nombreuses qui entravent la croissance et maintiennent les populations de Ngazidja, Mohéli et Anjouan dans la pauvreté. Nous avons pu identifier les déséquilibres qui affectent le corps social, l'appareil productif, les pouvoirs publics et l'aménagement territorial. Surtout, nous avons relevé les contradictions qui subsistent entre réflexes traditionnels et aspirations à la modernité, dans un pays structuré par les réminiscences d'une féodalité ambivalente. Le poids écrasant du secteur primaire dans l'économie nationale conjugué à la faiblesse des rendements agricoles et à un enclavement des territoires génèrent la frustration du peuple, qui s'en remet aux subsides de la diaspora pour survivre. Cette situation ne peut décemment plus durer, et les décideurs politiques de demain auront pour tâche de réformer tout ce qui peut l'être à l'échelle nationale, régionale et communale, afin que le niveau de vie des masses puisse enfin croître. À ce titre, la politique d'attraction des investissements internationaux sera déterminante, tout comme les procédures de résorption de la corruption endémique.

L'impulsion du nouveau paradigme de l'économie solidaire pourrait révolutionner, sans traumatismes notoires, l'ensemble du corps social de l'archipel : un transfert progressif et concerté du pouvoir des notables féodaux vers le tissu associatif des communes sera nécessaire si l'on souhaite promouvoir un entrepreneuriat réel aux Comores. La liberté économique, de s'enrichir et de faire prospérer son environnement requiert de nouvelles garanties pour tout micro-investisseur qui souhaiterait soutenir un projet innovateur quelconque. Le mécanisme grippé de la redistribution des richesses dans les villages devra laisser place, graduellement, à un nouveau mode de redistribution officiel et universel, basé sur un modèle assuranciel et de nouveaux micro-crédits plus accessibles. Le développement intégré, vert et durable des Comores découlera d'une meilleure implantation des services publics sur tout le territoire, en désaturant Moroni et en améliorant drastiquement la connectivité des îles entre elles. Une politique ambitieuse de transports publics, maritimes et aériens permettra d'accroître les flux de richesses et de personnes entre nos territoires, dont le nouveau dynamisme offrira en retour une explosion des recettes fiscales.

Toutes ces mesures resteront des vœux pieux si l'on s'en tient à une prospective théorique ; la question de budgets dédiés et des conditions de leur financement sera essentielle. Le contrôle du financement de chaque projet est quant à lui à la racine de tout investissement réussi, ce qui implique la nécessité d'un nouveau rapport à la déontologie dans chaque service de l'État. À tous les échelons de la société comorienne, il conviendra d'en revenir aux valeurs traditionnelles de probité, délaissées depuis longtemps. Il en retourne de la fiabilité de la parole comorienne dans chaque transaction, et au niveau international.

Au-delà de ces principes généraux, nous préconisons diverses priorités sectorielles qu'il serait nécessaire d'appliquer au cours de la décennie à venir. En voici quelques-unes, dont nous avons fait part dans les chapitres précédents :

- Favoriser la coopération entre le gouvernement, la société civile et le secteur privé en réformant les structures féodales de la nation comorienne.

- Mécaniser massivement le secteur agricole via des financements associatifs et solidaires.

- Favoriser l'entrepreneuriat par un accès au crédit sécurisé, dégagé de l'emprise des notables.

- Diversifier l'économie comorienne en implantant des groupes industriels et en renforçant le secteur des services, la digitalisation et l'équipement numérique du pays.

- Réformer l'enseignement en incluant massivement l'anglais dans les programmes, ainsi qu'un droit permanent à la formation professionnelle.

- Favoriser la mise en réseau des acteurs de l'économie sociale, développer le mécénat et les contrôles de délégués civils dans chaque opération communale.

- Offrir un accès garanti à l'électricité et à la sécurité alimentaire sur tout le territoire.

- Réformer les pratiques ministérielles et gouvernementales au profit d'une transparence effective : le développement de la société civile et de vigies démocratiques sera déterminant.

- Réduire l'économie informelle en favorisant l'accès au marché officiel et en développant un système d'assurance professionnelle universelle.

- Promouvoir les coopératives de pêche et d'agriculture en améliorant les techniques de conservation des ressources halieutiques et agricoles. Créer des fonds de développement coopératifs.

- Préserver la richesse naturelle des îles des Comores en favorisant la gestion durable des ressources et en implantant un nouveau "tourisme vert".

- Mettre en place des incitations fiscales et un « guichet unique assistance » pour inciter les entreprises étrangères à délocaliser leurs unités de production aux Comores.

- Négocier avec des partenaires étrangers et des fonds internationaux la création de quartiers d'affaires, ou "business districts" modernes cernés d'espaces verts.

- Créer des zones d'activités économiques spécifiques via des partenariats public-privé, promouvoir la création d'unités de production modernes dans des secteurs clés tels que l'agro-industrie et les technologies. Développer *Comoros Tech*.

- S'attaquer à la culture de l'impunité via un développement inédit du ministère de la Justice, garantir son indépendance par une nouvelle loi constitutionnelle.

- Abroger la loi ruineuse interdisant aux binationaux de se présenter au scrutin présidentiel.

***

La première étape du développement des Comores devra s'appuyer sur cet échantillon de réformes, avant qu'une deuxième phase de développement puisse advenir.

Nous avons vu que la solidarité n'est pas le facteur unique de la prospérité, bien qu'elle soit nécessaire pour restreindre la paupérisation ambiante. Les Comoriens s'associent et se rassemblent aisément pour se soutenir entre eux, leur potentiel de solidarité excède celui de la plupart des nations. Or, leur pays demeure à l'heure actuelle l'un des plus pauvres d'Afrique. C'est qu'aux hommes de bonne volonté la bonne conscience ne suffit guère. Il faut davantage que la générosité d'un peuple pour le rendre prospère et conquérant. Ce quelque chose qui nous a manqué jusqu'alors, nous le trouverons sur le chemin escarpé de la réforme.

Les 20 formules du développement comorien

1. Assassins, les rêves qui ne tourmentent

2. Les coutumes passent, la Tradition demeure

3. La terre forme, l'industrie transforme, la politique réforme, le pays performe

4. Pas de business sans finesse, de rentabilité sans honnêteté

5. La culture du bénéfice écrase le culte du profit

6. La prospérité est une course de fond ponctuée de sprints

7. Point de révolution politique sans réforme citoyenne

8. Point de prospérité sans diversification économique

9. Chaque touriste est un investisseur

10. Ne copiez jamais sans innover, la création est à ce prix

11. Le temps est un grand frère qui n'attend pas ; devancez-le, et les aiguilles tourneront à rebours

12. Fais silence, retiens, contemple et suggère : les quatre points cardinaux de l'éduqué

13. Les parents glosent, l'enfant conclut : ainsi forme-t-on les jeunes cerveaux à table

14. La diaspora prolonge nos bénéfices, elle ne les remplace pas

15. La cinquième île des Comores, c'est l'Afrique

16. Je m'associe sans m'agréger

17. Creuser le béton à la pelle, ensemencer la mer : qu'hier enfin, tu saches dépasser

18. la foi débute où cesse la croyance ; la conviction s'élève où meurt la certitude

19. Salue le féodal du bout des lèvres, le politique du bout des doigts, et les Comores du bout du monde

20. Les Comores sont les points de suspension de l'Afrique : ce qu'ils disent est le secret du continent

ANNEXES

Annexe 1

Protection de l'enfance

Chaque enfant doit être protégé contre la violence, l'exploitation et les pratiques sociales et culturelles néfastes.

Outre la convention internationale des droits de l'enfant, des actions concrètes devront être mises en place sur le territoire pour mettre fin à la violence, aux abus et à l'exploitation des enfants. Il s'agirait donc de mettre en place des initiatives de préparation, de prévention et de réponse pour la protection des enfants pour que ce fléau ne soit pas considéré comme « un fait social ».

Le travail des enfants est une pratique banalisée en Union des Comores notamment à Moroni, Mutsamudu et Moheli (capitales des îles). De la vente à la sauvette au commerce informel, des enfants qui devront être à l'école trouvent refuge dans ces activités, avec la bénédiction de leurs proches dont la situation socio-économique est caractérisée par une grande vulnérabilité.

L'école publique est en grande difficulté en termes de prise en charge, avec des écoles insalubres et une pénurie de professeurs. Les enfants sont souvent livrés à eux même, et décrochent facilement. La loi en vigueur sur l'obligation d'instruction de l'enfant à partir de trois ans n'est pas appliquée. Les parents qui ont les moyens inscrivent leurs enfants dans les écoles privées.

L'exploitation des enfants est un sujet qui doit être traité par le pouvoir public, en appliquant la loi à la lettre et surtout en donnant les moyens aux organismes de la société civile pour engager un vrai travail de fonds de prévention et de dénonciation de ce délit.

Comme dans d’autres sujets de sociétés portés par les organisations locales (instances coutumières), la question de la protection de l’enfance doit occuper une place de choix.

La scolarisation obligatoire dès l’âge de 3 ans (lagazettedescomores.com)

[Enfants des Comores - Humanium

Comores : Rapport 2021 sur les pires formes de travail des enfants (usembassy.gov)

Union des Comores | Partage]

Annexe 2

L'Économie Solidaire et le spectre de l'entraide à tour de rôle en Union des Comores

L'économie solidaire est un modèle économique qui se distingue par son engagement envers la justice sociale, la durabilité et la coopération. Dans ce contexte, l'entraide à tour de rôle joue un rôle essentiel en favorisant une répartition équitable des ressources et en renforçant les liens communautaires. Cet article explore la manière dont l'économie solidaire s'appuie sur le concept d'entraide à tour de rôle pour promouvoir un développement économique plus inclusif et durable.

L'économie solidaire repose sur trois principes fondamentaux : la solidarité, la coopération et la mutualisation des ressources. Elle vise à créer un équilibre entre les besoins individuels et collectifs tout en évitant la concentration excessive de richesses. Contrairement au modèle économique traditionnel, centré sur la compétition et la maximisation des profits, l'économie solidaire encourage la prise de décision collective, l'attention aux impacts sociaux et environnementaux, ainsi que le partage équitable des bénéfices.

L'entraide à tour de rôle est un élément clé de l'économie solidaire. Elle consiste en une collaboration cyclique entre les membres d'une communauté ou d'un groupe, où chacun contribue et bénéficie à tour de rôle. Cette pratique favorise la diversification des compétences, la réduction des inégalités et la solidarité au sein de la communauté.

Dans un contexte économique solidaire, l'entraide à tour de rôle se manifeste souvent par la redistribution des rôles et des ressources. Par exemple, dans une coopérative agricole, les membres peuvent se relayer pour cultiver différentes cultures, assurant ainsi une variété de produits et un partage équitable des revenus. Cette rotation des tâches et des avantages contribue à atténuer les déséquilibres économiques.

L'entraide à tour de rôle renforce également les liens sociaux au sein de la communauté. Les interactions régulières entre les membres favorisent la confiance, la solidarité et la coopération à long terme. Cette dimension sociale est essentielle pour le succès de l'économie solidaire, car elle encourage la participation active des individus et leur engagement envers le bien-être collectif.

En favorisant la diversification des activités et la mutualisation des ressources, l'entraide à tour de rôle contribue à la durabilité économique et environnementale. Les communautés qui adoptent cette approche sont souvent plus résilientes face aux chocs économiques ou environnementaux, car elles sont mieux préparées à faire face aux défis grâce à leur interdépendance et à leur capacité d'adaptation.

Le MRANDA[54], une économie endogène à tour de rôle opérait aux Comores avec succès il y a quelques décennies

L'entraide solidaire agricole, également connue sous le nom de labourage à tour de rôle, est une pratique ancienne qui reste d'une grande importance dans les communautés rurales. Cette tradition repose sur un principe simple mais puissant : les agriculteurs se réunissent pour s'aider mutuellement dans les travaux agricoles, en labourant les terres de chaque membre à tour de rôle.

Dans ce système d'entraide, l'union fait la force. Les agriculteurs se rassemblent avec une attitude de coopération et

---

[54] Un système d'entraide à tour de rôle dans le secteur agricole

de solidarité, mettant de côté leurs intérêts personnels pour le bien-être de la communauté dans son ensemble. Chaque membre bénéficie ainsi de la force de travail de ses voisins, ce qui allège considérablement la charge de travail et permet d'accomplir des tâches ardues en un temps réduit.

Au-delà des avantages pratiques, l'entraide solidaire agricole renforce également les liens sociaux. Les membres de la communauté développent un sentiment d'appartenance et de fraternité en partageant leurs expériences, leurs connaissances et leurs ressources. Cette cohésion renforce la résilience de la communauté face aux défis, qu'il s'agisse de difficultés économiques, de catastrophes naturelles ou de changements climatiques.

De plus, l'entraide solidaire agricole favorise la transmission des savoirs traditionnels, des techniques agricoles ancestrales et des pratiques respectueuses de l'environnement. Les agriculteurs plus expérimentés peuvent transmettre leur savoir-faire aux générations futures, garantissant ainsi la préservation de méthodes agricoles durables et respectueuses de la nature.

Au fil du temps, cette pratique a évolué et s'est adaptée aux réalités contemporaines. De nos jours, on peut trouver des initiatives de coopération agricole plus formelles, telles que les coopératives agricoles, qui reposent sur les mêmes principes d'entraide et de solidarité.

En somme, l'entraide solidaire agricole ou le labourage à tour de rôle en Union des Comores est bien plus qu'une simple technique agricole, c'est un mode de vie ancré dans la tradition, la coopération et l'unité. C'est une preuve que lorsque les individus s'unissent pour le bien commun, ils peuvent accomplir de grandes choses et construire des communautés fortes et prospères.

Outre l'esprit égoïste qui gangrène la société comorienne, cette pratique perd du terrain car les populations s'intéressent de moins en moins à l'agriculture.

L'inflation est donc monnaie courante dans un pays où même les produits vivriers sont le fruit de l'importation.

On retrouve aussi cette solidarité à tour de rôle dans la construction des logements

Les sociétés anciennes ont souvent compris l'importance de l'entraide dans le développement de leurs communautés. L'un de ces concepts, connu sous le nom de *Mawaha*[55], a joué un rôle essentiel dans la promotion de la solidarité au sein de la société comorienne, en particulier dans le cadre des projets de construction de logements.

Le Principe de Mawaha a émergé dans le contexte communautaire traditionnel comorien où les ressources étaient limitées et la coopération était essentielle pour la survie et le développement. Il a été introduit dans les pratiques coutumières dans le but d'encourager la solidarité dans les projets de construction de logements, tels que les cases.

Le cœur du modèle économique basé sur le principe de Mawaha repose sur l'absence de rémunération monétaire pour la main-d'œuvre impliquée. Au lieu de cela, les membres de la communauté contribuent de manière volontaire en offrant leur temps et leurs compétences. La principale dépense dans ce modèle est la provision de nourriture pour les participants.

---

[55] Un système d'entraide à tour de rôle dans les projets de construction de logements ; il est inclus dans les pratiques coutumières par les ancêtres, dans le projet de « grand-mariage »

Cette approche permet de réaliser des économies significatives sur les coûts de main-d'œuvre, ce qui rend les projets de construction plus accessibles pour la communauté.

Le principe de Mawaha est appliqué de manière polyvalente dans différents aspects de la construction. Pour les projets de construction de cases en matériaux traditionnels, les membres de la communauté se chargent de tâches telles que la coupe et la taille du bois, la confection de la paille, ainsi que la construction proprement dite. La solidarité et l'entraide sont au cœur de chaque étape du processus.

Même dans le contexte de la construction de maisons en dur, le Principe de Mawaha trouve sa place. Il est couramment utilisé dans les travaux de gros œuvre, notamment lors de la réalisation de la couverture des toits en béton. Les membres de la communauté se mobilisent pour contribuer à cette étape cruciale du projet, renforçant ainsi le sentiment d'unité et de coopération.

Annexe 3

Projet de création d'une banque tontinière nouvelle génération

Programme de création d'une banque tontinière pour le soutien de l'activité économique sociale et solidaire dans les territoires comoriens

Résumé du projet :

Le projet vise à établir une banque tontinière dans les territoires comoriens afin de promouvoir l'activité économique sociale et solidaire. La banque tontinière fonctionnera comme une institution financière basée sur le principe de la tontine, une pratique traditionnelle de mise en commun de ressources financières.

Objectifs :

1. Favoriser l'inclusion financière : Faciliter l'accès aux services financiers pour les individus et les petites entreprises qui sont souvent exclus du système bancaire traditionnel.

2. Soutenir l'activité économique locale : Encourager l'entrepreneuriat social et le développement des petites entreprises dans les territoires comoriens en offrant des prêts à des taux d'intérêt abordables.

3. Renforcer la solidarité économique : Encourager la collaboration et la solidarité entre les membres de la communauté en permettant la mise en commun des ressources financières pour soutenir les projets locaux.

Méthodologie :

1. Établissement de la banque tontinière : Mettre en place une structure organisationnelle solide pour la banque tontinière, y compris la définition des rôles et responsabilités, la création d'une équipe de gestion compétente et la mise en place de systèmes et de procédures efficaces.

2. Sensibilisation et formation : Organiser des programmes de sensibilisation pour informer la communauté sur le fonctionnement de la banque tontinière et les avantages qu'elle offre. Fournir une formation financière de base aux membres pour les aider à gérer efficacement leurs ressources financières.

3. Collecte des contributions et gestion des fonds : Établir un système de collecte des contributions des membres de la banque tontinière et mettre en place des mécanismes transparents pour la gestion des fonds, y compris la prise de décisions sur l'attribution des prêts.

4. Offre de prêts et suivi : Évaluer les demandes de prêt des membres et accorder des prêts à des taux d'intérêt abordables. Assurer un suivi régulier des projets financés pour évaluer leur impact économique et social.

Résultats attendus :

1. Augmentation de l'activité économique : Stimuler la création d'entreprises sociales et le développement des petites entreprises, générant ainsi des emplois et contribuant à la croissance économique locale.

2. Renforcement de la solidarité communautaire : Favoriser la confiance et la coopération entre les membres de la communauté grâce à la participation active à la banque tontinière.

3. Amélioration de l'inclusion financière : Permettre aux individus et aux petites entreprises d'accéder à des services

financiers adaptés à leurs besoins, contribuant ainsi à réduire la pauvreté et les inégalités.

Budget et ressources nécessaires :

Le budget du projet dépendra de la taille de la banque tontinière et du nombre de membres participants. Il faudra allouer des ressources pour la sensibilisation, la formation, la gestion des fonds et le suivi des projets financés. Des partenariats avec des organisations locales et des bailleurs de fonds potentiels peuvent être explorés pour obtenir un soutien financier supplémentaire.

Il est prévu la mise en place de plusieurs institutions tontinières décentralisées afin d'être au plus près des populations cibles.

Échéancier :

Le projet sera mis en œuvre sur une période de deux ans, comprenant les phases de préparation, de sensibilisation, de collecte des contributions et de lancement des activités de prêt. Des évaluations régulières seront effectuées pour mesurer les progrès et apporter les ajustements nécessaires.

En implémentant ce projet, nous espérons créer un écosystème financier inclusif et solidaire dans les territoires comoriens, favorisant ainsi le développement économique et social durable.

Loin à l'idée de refaire copier le modèle des institutions financières décentralisées de la place à l'image de la Mutuelle d'épargne et de crédits ya Komor (MECK) et les SANDUK dont le financement des projets est conditionné par la mise à disposition d'un gage (terrain, or) avec un taux d'intérêt exorbitant avoisinant 11 à 12 %. Les banques tontinières proposent une offre de financement solidaire avec un taux d'intérêt ne dépassant pas les 5 % pour les projets personnels et 0 % pour les coopératives. L'Etat doit se porter garant à travers un fonds dédié afin d'enlever le blocus engendré par la notion du gage et les textes règlementaires de la banque centrale qui fixe le taux d'intérêt des crédits.

Ces banques doivent aussi jouer un rôle important dans le quotidien de ces clients par la mise en place du « crédit de campagne » réservé aux acteurs d'activités saisonnières comme le cas des agriculteurs. Ce crédit offre la possibilité d'emprunter en avance leurs besoins de trésorerie pour couvrir leur période d'activité.

Les banques tontinières sont des sociétés coopératives dont les adhérents sont des sociétaires ordinaires de plein droit. Le principe territorial est essentiel pour bénéficier du statut de sociétaire ordinaire en plus des conditions liées à l'âge (18 ans) et la souscription à des parts.

La chaîne des banques populaires doit être en faveur de petits crédits au profit du plus grand nombre possible de ses membres au lieu de diriger des sommes énormes vers quelques individus.

Les avantages de ce statut sont définis dans les contrats de souscription notamment la rémunération à hauteur de 7 %, un compte épargne rémunéré à 5 %, un accès à un crédit personnel sans gage, sous condition de la présentation d'un projet d'autopromotion viable économiquement et rémunérateur.

Par ailleurs, peut être sociétaire affilié toute personne morale ou physique provenant d'un autre territoire de desserte. Ces avantages sont identiques sur l'aspect rémunération des parts et du compte épargne. L'accès au crédit personnel est conditionné par la mise à disposition d'un gage.

La politique de crédits des banques tontinières favorise des petits crédits en faveur du grand nombre possible de ses membres ainsi que les crédits à taux zéro dédiés aux coopératives. Le crédit de campagne constitue un élément incontournable de cette institution financière.

Dans le cadre de la viabilité économique de l'institution et le financement des structures de coût, il est prévu, à la levée des fonds de la tontine, que le bénéficiaire cède 4 % des gains à l'institution sous forme de frais de gestion.

Isabelle ULLERN, philosophe, docteur de l'EPHE, est actuellement doyenne de la Faculté libre d'études politiques (rectorats de Versailles et de Montpellier) de l'Association Initiatives, dont elle dirige également l'organisme de formation en étant membre du collège de la direction associative.

Au fil de ses années de travaux, en expertise et en recherches plus fondamentales, elle a notamment publié :

- *Former des acteurs religieux*, avec Pierre Gisel et Philippe Gonzalez (uni. Lausanne) Genève, Labor et Fides, 2022
- *Sarah Kofman, philosopher autrement*, avec Ginette Michaud (uni. Montréal), Paris, Hermann, coll. « Rue de la Sorbonne » (dir. Danielle Cohen-Levinas), 2021
- « La hantise du passé dans l'éthique médicale. A propos de L. Haddad et J-M. Dreyfus, *Une médecine de mort* », *Passés futurs*, 2018/3, en ligne revue trilingue (français, anglais, espagnol) de l'atelier international "Les usages publics du passé", Gehm - EHESS
- « Passés non maîtrisés » (dossier sur la question du trauma historique dans l'usage du passé), avec Sabina Loriga (Ehess), *Passés futurs*, 2017/1, en ligne sur *Politika* (LabEx TEPSIS)
- « Potenza vitale del testo ? Sarah Kofman : ‚come uscire' dal 'trauma storico'? », *Note per la psicoanalisi,* 2016/8, p. 65-78
- *Penser en commun ? Un rapport sans rapport. (J-L. Nancy & S. Kofman lecteurs de Blanchot)*, avec Pierre Gisel (et la participation de Jean-Luc Nancy), Paris, Beauchesne, 2015
- Construction en philosophie. Autour d'une lettre d'André Green à Sarah Kofman" (suivi de l'édition de la lettre de A. Green), *Revue française de psychanalyse* 2015/3, p. 880-888
- *Le Déni de l'excès. Homogénéisation sociale et oubli des personnes*, avec Pierre Gisel, Paris, Hermann, 2011
- « Défaire la compétence. L'histoire de la formation sociale relue comme une histoire politique inachevée », *Interrogations*, 2010/10, en ligne

- « Valoriser la réflexivité dans la formation : une pédagogie philosophique pour la puissance socioculturelle de la 'vie active' », *Forum* 2009/12, p. 11-17
- « Enseigner l'éthique comme expertise ou former les personnes au jugement éthique de l'action ? Question didactique », *Nouvelle Revue de Psychosociologie* 2007/3, pp. 149-166.
- « Travail social et médias : de la représentation du monde à la conversation vécue. Proposition éthique et politique », *Espace social* (revue du CNAEMO), 2007, pp. 27 - 33
- « Entre expérience et connaissances, le fondement éthique de la pédagogie », *Actualités Sociales Hebdomadaires*, n° 2460, 2006, pp. 27-28
- *Comment faire l'histoire des religions ? Le chantier des origines, la méthode du doute et la conversation entre les disciplines*, avec Simon Mimouni, Bibliothèque de l'EPHE, Turnhout, Brépols, 2006
- *La juste mémoire. Lectures autour de Paul Ricœur*, avec Olivier Abel, Sabina Loriga, Enrico Castelli-Gattinara, Genève, Labor et Fides, 2006

Enfin, aux éditions L'Harmattan elle avait postfacé en 2013 l'ouvrage du consultant expert en économie du développement auprès des Nations unies (ancien cadre de la résistance au régime dictatorial portugais renversé en 1974) : José Hipólito dos Santos (1932 – 2017), *Les femmes au cœur du développement* (titre de la contribution d'I. Ullern : « L'échec au cœur de la réussite : résistances de la promesse »)

Table des matières

www.ingramcontent.com/pod-product-compliance
Lightning Source LLC
LaVergne TN
LVHW051015051026
849532LV00004BA/1220
9791033406174